다리를 움직이지 않고는 좁은 도랑도 건널 수 없다.
소원과 목적은 있어도 노력이 따르지 않으면,
아무리 환경이 좋아도 소용이 없다.
비록 재주가 뛰어나지 못하더라도
꾸준히 노력하는 사람은 반드시 성공을 거두게 된다.

알랭

일하는 시간과 노는 시간을 뚜렷이 구분하라.
시간의 중요성을 이해하고 매순간 즐겁게 보내고 유용하게 활용하라.
그러면 젊은 날은 유쾌함으로 가득 찰 것이고,
늙어서도 후회할 일이 적어질 것이며,
비록 가난할지라도 인생을 아름답게 살아갈 수 있다.

루이사 메이 올콧

그대가 얻고 싶은 것을 가졌거든
그것을 얻기에 바친 노력만큼 노력하라.
이 세상 모든 물건은 대가 없이 얻을 수 없는 일이다.
남이 노력해서 얻은 것을 그대는
어찌 팔짱을 끼고 바라만 보고 있는가?

힐티

대개 행복하게 지내는 사람은 노력가이다.
게으름뱅이가 행복하게 사는 것을 보았는가!
노력의 결과로써 오는 어떤 성과의 기쁨 없이는
누구도 참된 행복을 누릴 수 없기 때문이다.
수확의 기쁨은 그 흘린 땀에 정비례한다.

블레이크

컬러愛 물들다

컬러愛 물들다

펴낸날 2022년 5월 10일 1판 1쇄

지은이 밥 햄블리
옮긴이 최진선
펴낸이 강유균
편집위원 이라야 남은영
기획·홍보 김아름 김혜림
교정·교열 이교숙 정아영
경영지원 이안순
디자인 바이텍스트
마케팅 신용천

펴낸곳 리드리드출판(주)
출판등록 1978년 5월 15일(제 13-19호)
주소 경기도 고양시 일산서구 고양대로632번길 60, 207호(일산동, 대우이안)
전화 (02)719-1424
팩스 (02)719-1404
이메일 gangibook@naver.com
홈페이지 www.readlead.kr

ISBN 978-89-7277-361-0 (03320)

• 잘못된 책은 바꾸어 드립니다.
• 책값은 뒤표지에 있습니다.

컬러愛 물들다

밥 햄블리 지음
최진선 옮김

이야기로 읽는
다채로운
색채의 세상

최고의 전략은 색이다!

리드리드출판

차례

빨강_색을 향한 열정

노랑_10년을 정의하다

파랑_영감의 원천

주황_같은 색깔 다른 세계

보라색_숭고한 대의

녹색_불편한 진실

PROLOGUE

이야기를 품은 색이 빛을 낸다

●●●●●●

어린 시절, 여름 방학이 끝나갈 무렵이면 엄마와 함께 쇼핑몰에 갔다. 새 학년에 올라가는 기념으로 옷을 장만하기 위한 방문이었지만, 나는 학용품에만 관심이 있었다. 빳빳한 알파벳 모양의 스텐실 도안(글자나 무늬, 그림 모양에 맞게 구멍을 뚫고 물감을 넣어 그림을 찍어내는 도구-옮긴이)과 컴퍼스와 각도기를 포함한 제도 기구 등 시선을 사로잡는 학용품이 많았다. 그중에서도 12색 로랑티앵 색연필Laurentien Pencil Crayons은 나를 매료시켰다.

색연필 상자의 표지는 수십 년이 흐른 지금도 선명하게 기억난다. 설경을 배경으로 아늑한 스위스풍 오두막집이 그려져

있었다. 내 눈은 그 아래, 끝을 뾰족하게 깎은 색연필 두 개에 시선이 사로잡혔다. 하나는 심이 작고 연한 평범한 연필심이고, 다른 하나는 심이 굵은 데다 단단하고 색이 아주 진한 로랑티앵 연필심이었다. 나는 집에 오자마자 색연필을 깎아서 한눈에 알아볼 수 있도록 무지개색 순서대로 상자에 담았다. 그것을 바라보는 황홀함이란 세월이 흐른 지금도 다른 것이 대신할 수 없다.

12색 색연필을 시작으로 24색은 물론 36색까지 모았다. 종이 상자에 담긴 색연필뿐만 아니라 얇은 금속 상자에 담긴 48색, 64색 매직펜까지 섭렵했다. 매직펜에 그치지 않고 그림 채색에 필요한 수채화 물감, 아크릴 물감, 구아슈 물감, 유화 물감도 수집했다. 다양하고 풍부한 색과 다채롭게 표현되는 재료들로 나는 그리고 싶은 그림을 마음껏 그렸다.

미술 학교에 진학하면서 형형색색의 컬러 에이드Color-aid 색상지를 알게 되었다. 실크스크린 기법으로 인쇄한 314가지 독특한 색상지는 분필 가루 같은 질감이었다. 바우하우스Bauhaus 출신 예술가이자 교수이며, 색 이론의 대가로 알려진 조세프 알베르스Josef Albers가 활용한 색상 시스템과 매우 흡사했다. 색 이론 수업에서는 이 색상지를 기본으로 색상 간의 특이한 조합을 찾으려고 여러 가지 시도를 했다.

과거의 내 모든 경험은 예술가로서, 디자이너로서 상상과 창의적 판단에 큰 영향을 주었다. 최근에는 색채란 끝없는 연구 과제를 부르는 학문이라는 사실을 깨달았다. 순수 미술, 디자인, 자연 과학, 문학, 역사, 사회학 등 다양한 분야에서 활용된 예를 보면서, 색은 어떤 분야에서도 간과할 수 없고 가볍게 처리될 수 없는 영역이라는 점도 알게 되었다.

색감은 스치듯 지나더라도 순간의 강렬함, 은은하게 스미는 우아함, 품격을 갖춘 고귀함 등 글로 설명할 수 없는 분위기를 자아낸다. 여기에 더해 우리가 느낄 수 있는 감성과 감정 기분까지 자극한다. 우리 기억에 있는 색감을 떠올려보면 내 말이 과장된 표현이 아니라는 것을 알 수 있을 것이다. 자연의 색이 우리에게 끼치는 영향, 일상에 깃든 색에서 받는 자극은 우리를 환상과 신비의 세계로 데려간다.

이 책에는 그 모든 것이 들어 있다. 부비새가 푸른 발로 상대를 어떻게 유혹하는지, 영화에서 색감이 왜 중요한지, 상징적으로 쓰이는 색의 의미는 무엇인지 등 색깔에 대한 호기심을 충족시켜주기 위해 알아두면 쓸모 있는 유용한 이야기로 엮었다. 이 책을 읽으며 색이 들려주는 문화와 전통, 역사와 자연의 섭리를 발견하기 바란다. 더 나아가 내가 좋아하는 색연필로 그림을 그리며 느꼈던 감동과 기쁨이 여러분에게 고스란히 전달되기를 바란다.

밥 햄블리

올해의 색은 어떻게 선정될까

올해의 색이 발표되기 시작한 것은 2000년부터이다. 한 가지 색이 그해에 가장 유행을 선도한다는 의미로 채택되는데 지금까지 레디언트 오키드Radiant Orchid, 리빙 코랄Living Coral, 탠저린 탱고Tangerine Tango 등이 올해의 색으로 선정되었다. 모두 매력적인 이름만큼 아름다운 색깔이다. 그렇다면 올해의 색은 누가 선정하는가? 어떻게 수많은 색을 제치고 하나의 특정한 색이 유행을 선도한다고 예견하는가?

공식적으로 올해의 색은 팬톤Pantone이라는 색채 연구 기업이 매년 12월에 다음 해의 색을 선정하고 발표한다. 팬톤이 개발한 색상 표준 체계는 PMSThe Pantone Matching System(팬톤 컬러

매칭 시스템)으로 디자이너가 색상의 일관성을 유지하고 관리한다. 그로 인해 그래픽 디자인, 산업 디자인, 자동차 디자인, 패션, 홈 퍼니싱 등 다양한 분야에서 색상 체계의 기준으로 활용되고 있다. 전 세계 모든 디자인 업체와 디자이너가 탈부착이 가능하고 수많은 색표가 깔끔하게 정리된 팬톤의 컬러북을 한 권 이상 소장하고 있다고 해도 과언이 아니다.

올해의 색을 선정하는 과정은 굉장히 까다롭다. 먼저 올해의 색 선정위원회 컨설턴트는 런던과 파리, 밀라노 등 세계적 패션 중심지에서 열린 패션쇼를 관람하고 새로운 색상 동향을 파악한다. 떠오르는 트렌드가 무엇인지 분석하기 위해 영화계와 예술계뿐 아니라, 과학 분야와 새로운 기술 산업도 면밀히 조사한다. 심지어 동식물을 보며 새롭고 독특한 색의 조합을 떠올리기도 한다. 여기에 더해 각종 기록과 사진, 인터뷰까지 오랜 시간 동안 분석한다. 그만큼 철저한 조사를 거치고 수많은 관문을 뛰어넘어 올해의 색이 세상에 발표된다.

물론 선정된 색이 모든 사람의 마음에 와닿지 않을 수도 있다. 그러나 그해의 디자인이나 산업에서 주목할 만한 색임은 틀림없다.

이발소 회전 간판의 비밀

이발소를 상징하는 줄무늬 회전 간판의 유래는 수세기 전으로 올라간다. 1500년대 이전의 이발소는 이발과 면도 외에도 많은 편익을 제공하는 곳이었다. 머리에서 이를 잡아주고, 치아도 뽑아주고, 피 뽑기 같은 간단한 외과적 시술을 행했다. 믿기지 않겠지만 이런 것들은 고대부터 전해져 내려오는 치료법이었다. 피를 뽑으면 몸속 체액의 균형이 바로잡혀 병이 치료된다고 믿어 이를 이발소에서 행했던 것이다. 이발소 회전 간판은 이 모든 과정을 담은 상징물이다.

먼저 회전 간판 기둥 맨 위에 붙어 있는 놋쇠 공은 환자의 피를 모아두는 놋쇠 양동이를 의미한다. 기둥은 이발사가 혈관

을 잘 찾을 수 있도록 환자가 꼭 붙잡던 막대기이다. 빨간색과 하얀색의 줄무늬는 사혈 과정에서 사용된 붕대를 뜻한다. 하얀색은 깨끗한 붕대를, 빨간색은 수술 후 피로 물든 붕대를 나타낸다. 수술이 끝난 후 이발사는 붕대를 빨아 기둥 위에 걸어 두고 건조시켰는데, 바람이 불면 깨끗한 붕대와 피 묻은 붕대가 서로 꼬이기 일쑤였다. 이런 모습을 그대로 담아 회전 간판의 빨간색과 하얀색이 나선형을 이루게 되었다.

이발소 회전 간판은 보통 빨간색과 하얀색 줄무늬이지만 북미식 회전 간판은 빨간색, 하얀색, 파란색의 세 가지 색으로 구성되어 있다. 회전 간판 기둥에 파란색이 섞인 이유에는 두 가지 가설이 있다. 하나는 환자의 푸르스름한 정맥을 상징한다는 것이고, 다른 하나는 유럽의 회전 간판이 미국에 들어올 때 성조기 색깔의 영향을 받아 파란색이 추가됐다는 이야기가 있다. 물론 어떤 이야기가 진실인지는 아무도 알지 못한다. 개인적 견해를 밝히자면 정맥을 상징한다는 가설이 더 마음에 든다.

이발소에 갈 일이 생긴다면 옛날 이발소에서는 피도 뽑아주었다고 말해보라. 어떤 반응을 보일지 궁금하지 않은가?

생명을 보호하는
보라색

여러분이 케냐에 사는 농부라고 상상해보자. 매가 계속해서 닭장을 습격해 애지중지 키운 닭들이 죽어 나간다면 어떻게 대처할 것인가? 케냐처럼 가금류를 자유롭게 방목하는 환경에서는 어떤 방법을 써도 닭 무리를 보호하는 데 한계가 있다. 그렇다면 어떻게 해야 할까? 한 가지 방법이 있다. 닭을 보라색으로 물들이면 된다.

다행스럽게도 매는 이 위장술에 잘 속아 넘어간다. 매는 보라색 닭을 보면 사람들이 기르는 예쁜 반려동물로 인식한다. 사냥해서는 안 되는 대상으로 판단해 사냥 본능을 드러내지 않고 소 닭 보듯 그냥 지나친다. 보라색이 불러온 효과이다. 이

에 케냐 농림부는 닭고기와 달걀 품질에 영향을 주지 않는 선에서 천연 색소나 식용 색소의 사용을 허가했다.

케냐 농부 마거릿 키메리아Margaret Kimeria는 이렇게 말했다.

"더 이상 전전긍긍하며 병아리들을 밤낮으로 지키지 않아도 됩니다. 예전에는 계속 예의 주시하다가 매가 나타나면 겁을 줘서 쫓아야 했거든요. 이제는 맘껏 풀어놓을 수 있어서 훨씬 관리가 수월합니다. 농장에는 닭이 즐겨 먹는 흰개미가 많습니다. 앞으로 농장 규모를 가능한 한 최대로 늘리고 싶어요. 보라색 염료만 있으면 우리 닭들을 안전하게 지킬 수 있으니까요."

케첩 머스터드 이론

식당과 상점이 빽빽하게 들어선 거리에 들어섰다고 상상해 보자. 수많은 간판 중에서도 유난히 빨간색과 노란색이 어우러진 패스트푸드점 간판이 가장 먼저 눈에 들어올 것이다. 이런 현상이 '케첩 머스터드 이론ketchup and mustard theory'이다.

이 두 가지 원색이 소비자에게 긍정적인 기운과 힘을 북돋아주면서 동시에 패스트푸드점의 회전율을 빠르게 촉진시킨다. 빨간색과 노란색으로 내부를 디자인하면 느긋하게 쉬고 휴식을 취하고 싶은 마음이 들지 않는다. 그도 그럴 것이 두 색 모두 너무 강렬하지 않은가. 반면 메뉴판, 의자, 테이블, 포장재를 밝은 색으로 하면 소비자의 마음을 빠르게 달굴 수 있다. 소비자에게 '맛있게 먹고 즐겨. 대신 이 자리에서는 빨리 일어

나야 해'라고 암시를 주는 것이다.

이것이 사실인지 확인하고 싶다면 회사 로고에 빨간색이나 노란색이 들어간 패스트푸드점이 얼마나 되는지 생각해보자. 맥도날드, 버거킹, 웬디스Wendy's, 인앤아웃버거In-N-Out Burger, 하디스Hardee's 등 순간 떠오른 이름만 해도 이 정도이다. 우연이라고 하기에는 그 수가 너무 많다. 색깔은 본래 잠재의식을 자극해 우리의 기분과 선택은 물론, 남에게 비춰지고 싶은 모습까지 좌우할 수 있다. 즉, 색의 사용에는 의도가 배어 있다는 의미이다.

빨간색과 노란색은 모두 시선을 사로잡고 흥분을 유발하는 따뜻한 색이다. 빨간색은 강렬하고 활력 있는 느낌을 준다. 흥분을 일으키는 경향이 있으며 굉장히 눈에 잘 띈다는 특징이 있다. 또 명도가 높아서 갓난아이가 처음으로 감지하는 색이기도 하다. 한편 노란색은 기쁨과 생기를 느낄 수 있는 색이다.

어떤 이들은 이 두 색깔이 식욕을 자극한다고 말하고, 어떤 이들은 전혀 근거 없는 이야기라고 한다. 둘 중 어느 것이 맞는지 의견이 분분하지만 한 가지는 확실하다. 삼원색 중 하나인 파란색은 식욕을 억제하는 효과가 있다는 사실이다. 패스트푸드 매장에서 파란색을 찾아보기가 어려운 이유도 이 때문이다. 혹시 햄버거 가게에 홀린 듯 들어갔다면 당신이 그 자리에 있기까지 빨간색과 노란색의 역할이 얼마나 컸을지 생각해보라. 분명하게 말하지만 색깔은 사람의 잠재의식을 자극해 기분과 선택에 영향을 미친다. 자신도 모르는 사이 빨강에 현혹되고 노랑에 매료되는 것이다.

색에 상상력을 더하다

2009년 '크레욜라Crayola'사는 아홉 가지 색으로 구성된 크레용 세트를 새롭게 출시했다. 이 크레용 세트의 묘미는 독특한 냄새가 난다는 점이었다. 어떤 색은 '워셔액Washer Fluid'이라는 이름이 붙여질 정도로 고유의 냄새를 가지고 있었다. 그뿐만 아니라 윤활유 냄새(회색)와 엔진오일 냄새(밤색) 등 어딘가 모르게 중독성 있는 향을 크레용에 담았다. 소비자의 반응은 호기심 반, 거부 반응 반으로 나뉘었다.

이런 시큰둥한 시장의 반응에도 불구하고, 크레욜라는 주력 제품군이었던 밀랍 크레용의 색깔을 개발했다가 제외시키기를 반복했다. 대체 어떤 색들이 등장했을까? 상상력을 자극하

는 크레용의 재미난 이름들을 알아보자.

우리도 눈에 보이는 색들에게 재미있는 이름을 지어보면 어떨까. 자신만의 색을 가질 기회이다.

컨테이너마다 색깔이 다른 의미

아주 오래전부터 컨테이너를 이용해 화물을 운반했을 것 같지만, 운송 역사에서 컨테이너는 신문물에 가깝다. 1950년대 후반, 육로와 해로에서 화물을 능률적으로 옮기고, 안전하게 보관하고자 했던 트럭 운전사가 컨테이너를 개발했다. 이 만능 철제 박스는 트럭, 기차, 배에 물건을 싣고, 내리고, 보관하는 과정을 완전히 바꿔놓았다. 컨테이너는 다양한 색으로 구성되어 있는데, 각 색깔이 나타내는 숨은 의미는 다음과 같다.

흰색과 황갈색은 한 번 사용 후 보관 기구나 조립식 구조물로 용도가 바뀔 가능성이 큰 컨테이너를 일컫는다. 오래되어도 크게 티가 나질 않는 갈색과 밤색은 선박 회사 간에 사고팔

기 쉬워 리스 회사leasing company에 인기가 있다. 파란색, 녹색, 빨간색, 주황색 등 외관이 밝은 컨테이너는 눈에 잘 띄어 세계적인 대형 해운사가 자주 이용하는 편이다. 시간이 어느 정도 흐르면 이 화려한 색깔의 컨테이너는 경매에서 중소기업에 넘어가 로고를 바꾸고 다른 용도로 활용된다.

연구에 따르면 컨테이너가 햇빛에 장시간 노출될 경우, 컨테이너 색깔에 따라 내부 공기도 바뀔 수 있다고 한다. 어두운 색은 태양열을 흡수해 컨테이너 내부 온도와 습도를 높인다. 흰색, 회색, 노란색 등 밝은 계열은 햇빛을 굴절시켜 컨테이너 내부를 어느 정도 시원하게 만들어준다. 화물을 수송하는 과정에서 온도와 습도가 변하게 되면 어떤 화물은 크게 영향을 받는다. 따라서 선적하는 물품에 따라 컨테이너의 색깔을 고려해야 한다. 이로 인해 운송 체계가 복잡해졌고 화물 선적의 표준화된 지침이 마련되었다.

누가 상상이나 했을까? 안전하고 편리하며 실용적인 컨테이너가 '색깔'이라는 변수로 운송 체계에 영향을 준다는 것을! 믿기 어렵지만 사실이다.

미라에서 색을 구했다고?

안료顔料를 만드는 재료는 식물, 벌레, 광물에 이르기까지 시대를 거듭할수록 그 종류 또한 매우 다양해지고 있다. 그만큼 색깔도 다채로워졌다.

안료를 만드는 가장 특이한 재료는 이집트 무덤 속에 있다. 1800년대에는 인간 미라와 고양이 미라를 곱게 갈아 특수 결합제를 섞어 아주 신비한 갈색을 만들었다. 바로 머미 브라운mummy brown이다. 이 갈색은 19세기 중엽 영국에서 출발한 라파엘 전파(19세기 중엽 영국에서 일어난 예술운동으로, 라파엘로 이전처럼 자연에서 겸허하게 배우는 예술을 표방한 유파-옮긴이) 화가들에게 큰 인기를 끌었다. 프랑스 화가 외젠 들라크루아Eugène Delacroix는 투명한 질감으로 통일감을 주면서 동시에 피부색과 그림자를

풍부하게 표현하기에 매우 적합한 색이라고 평가했다.

이로 인해 이집트 미라는 수백 년 동안 아주 왕성하게 거래되었다. 당시 사람들은 미라 가루가 병을 치유하는 약이라고 믿었다. C. 로버슨 컴퍼니C. Roberson and Co는 1810년 런던에 생긴 미술용품 회사로 20세기까지도 머미 브라운을 물감으로 만들어 판매했다.

하지만 머미 브라운의 원료가 미라라는 사실이 세상에 알려지자 찾는 사람이 뚝 끊겼다. 시간이 지날수록 색이 갈라지고 희미해지는 현상 역시 인기가 떨어진 이유 중 하나였다. 이에 C. 로버슨 컴퍼니 회사 관계자는 1964년 타임지Time magazine와 인터뷰에서 이렇게 말했다.

"저희 회사 어딘가에서 사람의 팔다리 몇 개가 나뒹굴고 있을지도 모르죠. 하지만 이 정도 양으로 물감을 만들지는 못합니다. 몇 년 전에 상태가 좋은 미라를 마지막으로, 지금은 판매를 중단했어요. 약 3파운드에 팔았던 것 같아요. 그런데 괜히 저렴한 가격에 팔았나 봅니다. 앞으로 다시는 미라를 구하지 못할 테니까요."

이렇게 더 이상 미라를 원료로 물감을 만들지 않고 있다는 것을 밝혔다.

예술가나 제조업자는 독특한 색감을 발견하면 작품의 개성을 살리고 활용할 생각에 흥분한다. 그렇다고 죽은 사람을 갈아 색을 만드는 생각을 어떻게 했을까. 그 출발은 누구이며 어떻게 시작되었을까. 그 시대의 분위기가 궁금해진다.

하버드에는 색깔 도서관이 있다

하버드의 슈트라우스 센터the Straus Center for Conservation and Technical Studies는 색깔 도서관이다. 매사추세츠주 케임브리지 Cambridge, Massachusetts에 위치한 하버드대학 내에 있으며, 선반에는 다양한 색상의 안료 샘플이 넘쳐난다. 이 센터가 설립될 수 있었던 것은 에드워드 월도 포브스Edward Waldo Forbes의 순수 미술에 대한 열정 덕분이었다. 랠프 월도 포브스의 손자이자 하버드 졸업생인 그는 유럽 고전 작품의 진위를 증명하기 위해 페인팅 기술과 안료, 예술 작품 보존을 체계적으로 연구했다.

'포브스 안료 컬렉션Forbes Pigment Collection'에는 포브스가 전

세계를 다니면서 모은 2,500여 개의 안료 표본이 전시되어 있다. 방대한 안료가 연구자들과 일반인 모두에게 공개되어 그림의 재료를 정밀하게 분석하는 데 이용된다. 실제로 잭슨 폴록Jackson Pollock의 작품이라고 알려진 그림에 사용된 안료가 폴록의 사후에 제조된 물감이었다는 사실을 밝혀내면서 작품이 위작임을 증명했다.

컬렉션에 소장된 안료의 재료는 그야말로 굉장히 다양하다. 어떤 안료는 식물과 광물에서 채취한 재료로 추측된다. 곤충이나 소의 오줌으로 만들어진 안료도 있다. 컬렉션 선반을 찬찬히 감상하다 보면 안료의 이름과 더불어 흥미로운 이야기도 알게 된다. 유명한 예술가만을 위해서 특별 제작된 물감, 작품을 그리기에는 너무 위험한 독성 물질이 사용되었다는 사실 등 예술가가 작품을 위해 목숨을 건 위험을 감수했다는 일화도 알게 된다.

하버드 색깔 도서관을 방문하면, 무수히 많은 색이 가진 각각의 사연을 알게 된다. 무궁무진한 인간의 호기심만큼 다채롭게 펼쳐지는 색의 세계에 빠질 수 있다.

RED

빨강

색을 향한 열정

만약 여러분이 1560년경 영국 왕실 소속의 해군이라면
특수부대 '씨독Sea Dogs'의 일원이 되는 행운을 누렸을지 모른다.

엘리자베스 1세는 당시 바다의 절대 강자였던 스페인 무적 함대와 맞서기 위해 '씨독'이라는 함대를 조직했다. 스페인 해군은 16세기 후반부터 18세기 무렵까지 범선 갤리언Galleon에 보물을 꽉꽉 채워 본국으로 돌아갈 만큼 멕시코로부터 엄청난 양의 부를 축적하고 있었다. 씨독의 임무는 막강한 스페인 함대를 무력화시키고 값나가는 화물을 빼앗아 오는 것이었다. 즉, 씨독은 여왕이 직접 임명한 해적이나 다름없었다.

해군에 입대한 대원들은 대부분이 이 특수부대의 차출되는 것을 영광으로 알았다. 그도 그럴 것이 여왕은 성능 좋은 함선을 지원했고, 어느 때보다도 음식을 풍족하게 제공했으며 결

정적으로 대원에게 포상금을 나눠주기로 약속까지 했다. 적과 싸워 이기면 금과 은, 희귀한 보석은 물론 이국적인 향신료까지 획득할 수 있었다.

운이 좋을 때는 적군의 배에서 잔뜩 죽어 있는 연지벌레를 발견하기도 했다. 연지벌레는 인체에 무해한 작은 곤충으로 연지벌레가 만들어내는 강렬한 붉은색은 세계 어느 곳에서도 볼 수 없는 아름다운 색감으로 인기가 높았다. 그러니 선내에서 말라비틀어진 연지벌레 사체를 발견했다는 건 금괴를 발견한 것과 다름없었다. 공해상에서 벌어진 대규모 약탈 중 하나는 연지벌레 27톤을 싣고 가던 스페인 함선 3척을 씨독이 나포한 사건이다.

스페인인들은 무려 3백 년 넘게 이 붉은 염료의 비밀을 숨겨왔다. 나중에 이를 안 유럽인들은 성냥개비 머리만한 연지벌레의 가치가 어마어마하다는 것을 깨닫고 연지벌레를 찾는 데 혈안이 되었다. 염료 생산이 활발하게 이뤄진 18세기 후반에는 연간 투입된 연지벌레가 무려 천억 마리에 달했다고 하니 가히 그 붉은 색의 황홀함이 짐작된다.

빨강은 역사적으로 수많은 문화와 제국을 빛내준 색이다. 이집트, 중국, 마야, 아즈텍 사람들의 옷과 도자기, 그리고 몸을 돋보이게 해주었다. 또 빨강은 인생, 사랑, 열정뿐만 아니라 분노, 공격, 승리에 이르기까지 무수히 많은 단어를 상징한다.

연지벌레로부터 추출한 코치닐cochineal 색소의 우수한 착색력은 르네상스 동안 붉은색의 명성을 한층 더 높였다. 본래 부와 명예를 가진 사람만이 이 매혹적인 염료를 살 수 있었기에 선명한 빨간색 옷은 높은 귀족이나 왕족 계층, 성직자가 주로 입었다. 그런데 코치닐 색소를 구하기 쉬워지면서 특별한 사람만 입던 붉은색 옷을 너도나도 입기 시작했다.

시간이 흘러 1860년대에 합성염료가 개발되면서 코치닐 색소는 점차 그 명성을 잃어갔다. 화학 기술의 발달로 연지벌레를 이용해 염료를 생산하는 일이 줄었고 코치닐은 세계적인 직물 시장에서 존재감을 잃었다. 그렇지만 각종 식품, 음료, 화장품, 제약, 페인트 등 다양한 제품의 원료로 오늘날까지 많이 사용되고 있는 편이다. 어떤 제품 성분에 '카민, 카민산, 식용 색소 적색 제40호'가 표기되어 있다면 코치닐 색소가 함유되었다는 의미이다.

색소를 만들기 위해 엄청난 수고와 비용을 감수해야 했던 시대, 작은 벌레는 색을 제조하는 방식에 큰 변혁을 일으켰다. 코치닐 색소가 널리 퍼지면서 아주 아름다운 산뜻한 붉은빛이 세상에 알려진 것이다. 동시에 색을 보는 우리의 눈도 높여 놓았다. 역시 작은 고추가 매운 것 같다.

백악관 이름의 유래

1814년 영국군이 미국의 수도 워싱턴 D.C를 점령했다. 수도 곳곳을 불바다로 만들며 '대통령의 관저President's House'까지 불태워버렸다. 전쟁 초기였던 1812년 미국이 캐나다에 위치한 온타리오주Ontario 의회 의사당을 불 지른 사건에 대한 보복이었다.

미국은 영국군이 퇴각하고 복구 작업에 들어갔을 때 '대통령의 관저'의 검게 그을린 자국을 지우기 위해 건물 외벽을 흰색으로 칠했다. 하얀 건물이 된 것이다. 여기까지가 우리가 아는 미국의 대통령 관저 '백악관White House' 이름의 유래이다. 하지만 이건 사실이 아니다. 이제부터가 진짜 이야기다.

대통령 관저를 짓기 시작한 건 1792년이었다. 건물 외벽의

자재로 사암sandstone을 이용해 신고전주의 양식으로 건축되었다. 외관에는 금이 가거나 훼손될 경우를 대비해 석회로 된 백색 도료를 표면에 칠했다. 그리고 장시간 동안 날씨에 영향을 받으면 변색될 것에 대비해 추가로 코팅 작업도 했다. 주위의 빨간 벽돌 건물들과 너무나 대조되는 흰색 건물 외관이어서 사람들은 자연스럽게 '백악관'이라 부르기 시작했다. 착공한 지 8년 후, 존 애덤스John Adams 대통령과 애비게일Abigail 영부인이 첫 입주자가 되었다.

그리고 1814년 영국군의 방화사건 이후 1818년에 대대적인 수리를 어느 정도 끝내고 변색이 안 되는 납 성분의 흰색 페인트를 칠해 복구공사를 마무리했다. 그로부터 백 년 뒤, 루스벨트 대통령이 대통령 서한에 워싱턴 백악관WHITE HOUSE-WASHINGTON이라는 문구를 새기라고 지시한 이후부터 별칭에 불과했던 '백악관'을 정식 명칭으로 부르게 되었다.

공포의 드라마를 쓴 에이전트 오렌지

베트남 전쟁 시, 미군은 '에이전트 오렌지Agent Orange'라는 맹독성 제초제를 무기로 사용했다. 1961년부터 1971년까지 랜치 핸드 작전Operation Ranch Hand을 펼치며 비행기와 헬리콥터로 7천6백만 리터가 넘는 고엽제를 베트남, 캄보디아, 라오스의 삼림지와 경작지에 살포했다. 자신들에게 유리한 전투 환경을 조성하고 적군의 식량 공급을 차단하려는 방법으로 채택된 작전이다. 결과는 어떠했는가. 밀림은 파괴되고 농작물은 초토화되었다. 어디 그뿐인가. 사람에게 남겨진 피해는 다음 세대를 넘어 현재까지 이어지고 있다.

작전명에 오렌지Orange라는 색명이 들어가 있지만, 고엽제

는 무색이다. 분사되는 순간 보이지 않는 투명체로 퍼지는 액체이다. 그런데도 고엽제 살포 작전이 '에이전트 오렌지'가 된 데에는 수송 과정에서 비롯되었다. 다른 약물과 쉽게 구별하기 위해 고엽제를 오렌지 줄무늬가 그려진 드럼통에 담았다. 그리고 화학 구조와 독성 효과에 따라 다른 이름으로 불렀는데 가장 강한 것은 '슈퍼 오렌지Super Orange'라고 부르고 순차적으로 에이전트 오렌지, 에이전트 핑크, 에이전트 그린, 에이전트 퍼플, 에이전트 화이트, 에이전트 블루라 명명했다.

과학자들은 에이전트 오렌지에 포함된 다이옥신 성분에 노출되면 장기적으로 후유증에 시달릴 수 있다고 밝혔다. 베트남 전쟁 이후 오랜 시간이 흐른 지금까지도 고엽제에 노출되었던 피해자 가족들은 여전히 고통 속에서 살고 있다. 나라를 위해 싸우던 군인, 의료진, 선량한 민간인 등 그 수는 헤아릴 수 없이 많다. 그뿐 아니라 수질과 토양이 오염되어 더 많은 피해를 낳았다. 위험성이 곳곳에서 드러나고 피해자의 고통이 가중되던 1970년대 초에 이르러서야 비로소 에이전트 오렌지 생산이 중단되었다.

색상에서 보여주는 '오렌지'는 달콤한 행복과 연결된 색이다. 하지만 베트남 전쟁에서만큼은 어두운 이면을 보여준다. '에이전트 오렌지'라는 이름은 영원히 우리 뇌리에 공포와 멸망의 상징으로 기억될 것이다.

보라색이 국기에 쓰이지 않는 이유

세계 254개 나라의 국기는 다양한 디자인과 색으로 상징화되어 있다. 가장 많이 쓰인 색 조합은 빨간색, 흰색, 파란색이다. 일반적으로 빨간색은 혁명을 위해 흘렸던 고귀한 피를 상징한다. 파란색은 바다, 하늘, 진실, 충성을 나타내고 흰색은 평화, 순수, 종교를 의미한다. 그래서일까. 현재 미국, 영국, 프랑스, 러시아 외에도 27개 나라의 국기가 이 세 가지 색으로 이루어져 있다.

그런데 국기에서 찾아보기 힘든 색이 있다. 그건 바로 보라색이다. 도미니카Dominica와 니카라과 공화국Nicaragua 오직 두 나라만 보라색을 국기에 사용하고 있다. 그마저도 아주 유심히 관찰해야 보라색을 찾아낼 수 있다. 아주 작은 부분만 사용

했기 때문이다.

국기에 보라색이 사용되지 않는 데는 두 가지가 이유가 있다. 하나는 예전에 보라색을 만들려면 복잡한 여러 과정을 거쳐야 했기 때문에 매우 비싼 염료에 속했다. 그만큼 귀했다는 의미이다. 다른 하나는 오랫동안 왕실에서나 볼 수 있는 색으로 특별한 이들만 누릴 수 있다는 인식이 있었기 때문이다. 실제로 16세기 엘리자베스 여왕은 아주 가까운 왕실 사람들 빼고는 보라색 옷을 입을 수 없도록 금지했다. 이렇게 특권처럼 사용하던 보라색을 국민이 주권을 가진 국가의 상징으로 국기에 사용하기에는 매우 부담이 컸던 것이다. 색에도 권력과 부, 특권을 상징하는 의미가 부여되었다는 사실이 매우 안타깝다.

위조를 막은 녹색 잉크

미국에서 지폐가 발행되는 과정은 순탄하지 않았다. 남북전쟁 당시에도 연방 정부가 인정한 법정 통화는 금이나 은으로 만든 동전뿐이었다. 물론 이때도 지폐가 없었던 건 아니다. 민간 은행에서 독자적으로 발행한 지폐까지 포함하면, 미국 전역에서 사용되는 화폐 종류만 8천 개에 달했다. 하지만 법정 통화로 지정된 지폐가 없었기 때문에 은행이 파산하면 그 은행이 발행한 지폐는 종이 쪼가리가 되어버렸다.

다른 또 하나의 문제는 화폐 위조가 쉬웠다는 점이다. 당시 위조지폐는 사회문제로 대두될 정도였다. 검은색 잉크로 한 면만 인쇄한 지폐라 위조가 비교적 간단했던 것이다. 여기에

기름을 부은 격은 상당히 획기적인 발명품인 카메라가 출시되면서부터이다. 화폐를 사진으로 찍어 쉽게 위조할 수 있었다.

남북전중 중 미 의회는 필요한 자금을 조달하기 위해 5천만 달러 규모의 약속 어음을 발행했다. 위조 방지 차원에서 지폐를 양면 인쇄를 했는데 앞면에는 검은색과 녹색 잉크를 사용했고, 뒷면에는 녹색 잉크를 사용해 발행했다. 캐나다에서 처음 개발한 이 녹색 잉크는 특허 기술로 제조되었다. 구하기 힘든 야자수 잎을 사용해 잉크를 만든다는 말까지 나오며 위조가 어려워졌다. 이때부터 녹색 잉크가 사용된 미국의 지폐를 '그린백Greenback'이라고 부르게 되었다.

우리가 잘 모르는
색깔별 안전모

공사 현장은 매우 복잡하다. 트럭, 크레인, 비계(높은 곳에서 공사하도록 임시로 설치한 건물이나 장치물-옮긴이) 등 형태와 크기가 제각각인 건설 자재로 뒤섞여 있어 혼잡스럽다. 게다가 근로자들은 현장의 곳곳에서 자신이 맡은 일을 하기 위해 움직인다. 전기, 용접, 조적, 철근 공사 등 건축물의 내부에서 이루어지는 일도 많다.

이런 현장에서 근로자의 안전은 완벽하게 보장되지 않는다. 그래서 안전모는 직책에 상관없이 작업장에서 일하는 사람이라면 필수적으로 써야 하는 최소한의 안전 장비이다. 사고가 잦은 현장에서 안전모를 쓰면 심각한 부상을 예방할 수 있다. 여러 사건과 사고에서 이 사실은 증명되었다.

건축가
엔지니어
관리자

중장비 기사
현장 인부

도로 공사 인부
현장 방문자

소방관
구급대원

안전 조사관
신입 사원

목수
전기 기사
기술 자문관

용접공
고열 작업장 근로자

현장 방문자

그런데 우리가 잘 모르는 안전모의 기능이 하나 더 있다. 작업 현장에서 직종을 구분하기 위해 안전모의 색이 달라진다. 목수, 중장비 기사, 감독, 엔지니어, 기사 등 누구든지 쉽게 알아볼 수 있도록 자신이 맡은 일을 드러내는 것이다. 그로 인해 현장 사람들을 한눈에 파악하고 체계적으로 현장을 관리 감독할 수 있다.

만약 당신이 사진 속 근로자 세 명을 현장의 몇 층 위에서 내려다보는 관리자라고 상상해보자. 안전모 색깔만 보고 그가 무슨 역할을 맡고 있는지 알 수 있다. 지금 그들이 무슨 일로 머리를 맞대고 있는지 짐작도 가능하다. 문제 상황이 파악된다면 당신은 그 자리에서 소리쳐 더 나은 방향이나 방법을 제시해줄 수 있다.

무지개 나무가 보여주는 오묘함

사진은 필리핀, 뉴기니, 인도네시아 열대 우림에 서식하는 레인보우 유칼립투스Eucalyptus deglupta의 껍질을 찍은 것이다. 약 70미터 높이까지 자라는 이 나무는 매우 좋은 향기를 뿜어낸다. 한 해에도 여러 번 목피 갈이를 하는데 외피가 벗겨지면 초록색 목피가 모습을 드러낸다.

이 목피는 시간이 지날수록 외부 환경의 영향을 받아 몸통이 주황색, 빨간색, 보라색, 파랑색, 초록색, 노란색으로 변하는데, 이 색깔들이 섞이면서 세로로 화려한 줄무늬가 생긴다. 형형색색의 알록달록한 아름다운 무늬를 볼 수 있는 만화경을 떠올리면 이 나무의 아름다움을 상상할 수 있다.

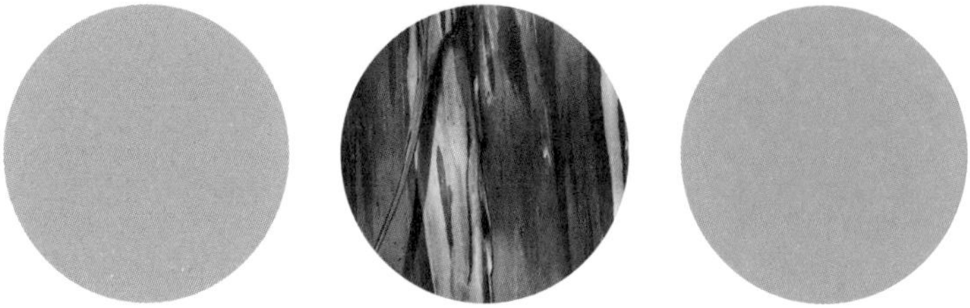

그럼에도 불구하고 레인보우 유칼립투스의 펄프는 깨끗한 흰 종이를 생산할 때 사용된다고 한다. 색이 가진 오묘함의 역설이라고 할 수 있다.

최고를 상징하는 파란 리본

4-H 대회는 두뇌head, 마음heart, 손hand, 건강health의 이념을 가진 미국 청소년단체가 주관하는 대회이다. 이 대회에서 입상하면 파란 리본이 수여된다. 개인의 뛰어난 자질과 성과를 파란 리본으로 인정받는 것이다. 즉, 몸과 마음이 건강하고 창의적이며 재능이 뛰어난 사람이라는 징표인 셈이다. 그런데 왜 파란색 리본일까?

파란 리본의 전통을 알기 위해서는 프랑스 국왕 앙리 3세가 '성령의 기사단Ordre des Chevaliers du Saint Esprit'을 결성한 16세기로 거슬러 올라가야 한다. 왕의 선택을 받은 당대 최고의 기사들은 업적과 공로, 기사도 정신을 인정받아 파란 리본에 달

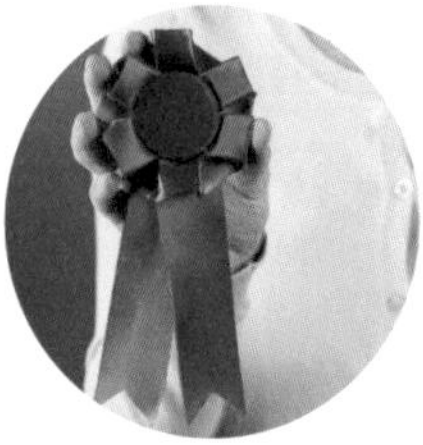

린 '성령의 십자가'를 하사받았다. 이들은 이 십자가를 명예롭게 목에 걸고 다녔는데 이후로 파란 리본(프랑스어로 르 코르동 블루les Cordons Bleus-옮긴이)이 성령의 기사단 표상이 되었다.

세월이 흐르고 시대 변화에 따라 지금의 파란 리본은 '최고 중의 최고'를 나타내는 상징이다. 실제로 닭과 햄, 치즈로 만든 맛있는 요리를 '르 코르동 블루'라고 부른다. 또 여러 대회에서 우수한 성적을 낸 사람에게 상으로 파란 리본을 수여한다.

색의 자극을 피하라

당구는 14세기 유럽의 잔디밭에서 시작되었다. 각양각색의 나무망치나 봉으로 공을 쳐서 말뚝 주변의 아치형 작은 문을 모두 통과한 뒤 마지막 목표 말뚝을 먼저 맞추는 사람이 승리하는 크로케croquet와 경기방식이 흡사했다.

차츰 높은 테이블에서 하는 실내 스포츠로 개량되어 몸을 구부리는 피로와 시간이 많이 줄었다. 깔끔하게 손질된 잔디의 느낌을 살리기 위해 테이블 상판에 녹색 펠트지를 씌웠고 공이 마루로 데굴데굴 굴러가는 것을 막기 위해 상판 양옆에 나무판자를 붙였다.

요즘 당구대에 이용되는 펠트지의 색은 매우 다양하다. 실내 분위기와 인테리어까지 고려해서 당구대의 펠트지를 고르기도 한다. 가장 인기 있는 색은 푸른 계열, 연한 황갈색, 황갈색, 회색이다. 그러나 당구 애호가는 너무 선명한 색상을 피한다. 특히 빨간색은 눈의 피로도를 높일 뿐만 아니라 선수들의 공격성을 자극해서 언쟁이 벌어지거나 시끄러운 몸싸움까지 유발시킬 수 있다고 한다. 예나 지금이나 초록색 당구대가 가장 많고 여러 사람이 선호하는 까닭이 여기에 있다. 마음을 차분하게 해주기 때문이다.

자연 속 살아 있는 보석을 찾아라

어떤 곤충은 뼈대가 없는 대신 약한 내장 기관을 보호하는 외골격이 발달했다. 비단벌렛과 '보석풍뎅이'도 금색 갑옷의 멋진 외형을 자랑한다. 언뜻 보면 누군가 인위적으로 금빛을 칠했다고 해도 믿을 만큼 찬란한 빛을 낸다. 겉껍질에서 빛나는 화려한 광택은 다당류 셀룰로스cellulose와 비슷한 탄수화물 분자 구조를 지닌 키틴층chitin에서 나온다. 키틴은 가재나 새우 같은 갑각류뿐만 아니라 곤충의 표피나 외골격을 이루는 주요 요소이다.

과학자들은 보석풍뎅이의 외골격이 얇은 70개의 키틴층으로 구성되었다는 사실을 증명하기 위해 연구 중이다. 마치 코팅한 것처럼 투명한 얇은 막이 제각각 이리저리 빛을 굴절시

켜서 빛의 파장이 뒤섞는다는 것이다. 그래서 각도를 달리했을 때 껍데기 색이 변하는 것처럼 보인다. 언뜻 보면 정말 누군가 인위적으로 금색을 칠한 것 같은 착각이 들기도 한다.

자동차에 금색 페인트를 칠할 때를 생각해보자. 단 한 번에 그토록 반짝이는 금색을 낼 수 없다. 여러 번 덧칠한 결과라는 점을 주목하면 키틴층도 여러 겹이 쌓여 외골격을 형성했을 것이라는 의견에 신뢰가 간다. 여러 번 색을 덧칠하면 키틴질처럼 빛을 반사하는 건 물론 내구성도 좋아진다. 폭스바겐사의 간판 모델인 '비틀Beetle'을 보면 자연스레 '보석풍뎅이jewel beetles'가 떠오르는 이유이다.

색의 어원 1

버밀리언_vermilion

ver-mil-yuh-n / 라틴어 / 1289년

버밀리언은 '벌레'라는 라틴어 베르미스(vermis)에서 유래한다. 13세기 동안 유럽에서는 연지벌레(Kermes vermilio)(라틴어로 케르메스 베르밀리오-옮긴이)로부터 추출한 붉은색 염료가 인기가 많았다.

애머릴로_amarillo

am-uh-ril-oh / 스페인어 / 1074년

애머릴로는 스페인어로 '노란색'을 뜻한다. 텍사스에 있는 이 도시는 애머릴로 호수와 애머릴로 개울 주변으로 피는 노란색 야생화가 유명하다. 호숫가와 둑에서 노란색 토양을 발견할 수 있다고 알려져 있다.

그린란드_greenland

green-luhnd / 고대 스칸디나비아어 / 986년

노르웨이에서 쫓겨나 아이슬란드로 건너온 붉은 에이리크(Erik the Red) (수염과 머리카락이 붉어서 붙은 별명-옮긴이)는 새로운 땅에 정착했다. 멀리 떨어진 이 섬으로 더 많은 사람이 이주하기를 바라는 마음에 땅 이름을 푸른 초원이 연상되는 '그린란드'라고 아름답게 지었다.

튀르쿠아즈 블루_turquoise

tur-kwoiz / 프랑스어 / 1853년

튀르쿠아즈는 중세 프랑스어 튀르크아즈(turqueise)에서 파생된 말로 '터키석'을 뜻한다. 보석처럼 아름다운 이 청록색 돌이 터키에서 생산되어 유럽에 건너왔다고 믿었기 때문이다. 하지만 터키석의 명칭이 '터키에서 전해진 돌'이라는 뜻으로 쓰인다면 이는 잘못된 사실이다. 이 푸른 돌의 원산지는 이란이기 때문이다.

녹색 표지판,
친절한 안내를 담당하다

미국이나 캐나다의 고속도로를 달린다면 표지판을 유심히 보길 바란다. 표지판의 배경 색깔에 따라 안내되는 사항이 다르기 때문이다. 먼저 긴급한 메시지를 전할 때는 밝은 계열의 색상을 사용한다. 빨간색은 정지, 주황색은 공사 중, 노란색은 경고를 의미한다. 또 하얀 글씨가 적힌 녹색 표지판은 출구나 주와 주 사이의 간선 거리 등 방향과 길을 안내한다. 파란색 표지판은 식당과 휴게소를 가리키고 밤색 표지판은 관광지나 명소를 알려준다.

빨간색, 주황색, 노란색처럼 밝은 계열의 색상은 어떤 배경에도 눈에 잘 띄기 때문에 시선을 빠르게 사로잡는다. 반면 초

록색, 파란색, 갈색같이 자연을 닮은 색상을 표지판으로 사용하면 운전자가 잘 보지 못하고 그냥 지나칠 수 있다. 그런데도 이 배경색을 사용하는 까닭은 여기에 흰색 글씨를 넣으면 밤에는 오히려 글씨가 선명하게 보이기 때문이다. 흰색 글자와 배경색이 극명하게 대비되어서 글씨가 더 커 보이는 효과를 낸다.

북미에 자동차가 처음 만들어졌을 때는 교통 신호 체계의 기준이 없었다. 1935년에 들어서야 신호 체계가 구축되었는데 교통안전시설편람The Manual on Uniform Traffic Control Devices에 표지판 모양, 색깔, 글자 기준의 표준 사양이 자세히 명시되어 있다. 오늘날 고속도로에서 보는 표지판도 모두 이 기준에 맞게 제작된 것이다.

YELLOW

노랑

10년을 정의하다

어릴 적 우리 집에는 초록색 냉장고와 난로가 있었다.
미적 감각이 뛰어났던 어머니는 그 색을 '아보카도색'이라고 불렀다.
주방을 리모델링해 들여놓는 새 주방가전제품은
부드러운 초콜릿색부터 밝은 황갈색까지 따뜻한 색감을 자랑했다.

한 가족이 식사하고 대화를 나누는 공간인 주방은 집안에서 가장 중요한 공간이다. 이곳을 흰색 가전제품으로 주방을 꾸미자니 너무 평범하고, 스테인리스 스틸로 하자니 너무 전문 식당 느낌이 들기도 한다. 고민 끝에 노란 카나리아 색으로 주방을 가득 채웠다고 상상해보자. 아침 햇살이 반겨주는 것처럼 무척 화사하고 에너지와 생기가 흘러넘친다. 이제 더 이상 주방에서 냉장고, 난로, 식기세척기, 빵 저장 용기, 싱크대는 조연이 아니다. 주방을 빛내는 주역이 되었다. 실제로 1960년대에는 어디에서나 밝은 계열의 색을 볼 수 있었다. 이런 시대의 흐름을 타고 노랑의 시대가 왔다.

오랜 기간 노란색은 파스텔 계열로 치부되어 꽃무늬 천이나 주방 벽에 사용되었다. 하지만 이제는 그 설움을 딛고 당당히 대중문화를 선도하는 색으로 거듭났다. 비틀즈를 캐릭터화한 '노란 잠수함Yellow Submarine'이라는 애니메이션 영화가 개봉되었고, 도노반의 '멜로 옐로Mellow Yellow'라는 곡이 발표되었다. '아주 작고 노란 물방울무늬 비키니Itsy Bitsy Teenie Weenie Yellow Polka Dot Bikini'라는 곡은 여름마다 울려 퍼진다.

색을 점으로 분할해 찍어내는 팝아트는 예술계에 큰 충격을 안겨주었다. 팝아트의 거장 앤디 워홀Andy Warhol은 <마릴린 먼로 초상>에서, 로이 리히텐슈타인Roy Lichtenstein은 만화의 한 장면을 확대하여 그린 작품에 노란색을 사용했다. 예술가의 사랑을 받으며 노란색은 이제 주류 색이 되었다.

상업적으로도 노란색이 많이 활용된다. 브래니프 항공사 Braniff Airways는 노란색 비행기를 도입했고, 소속 승무원들은 이탈리아 유명 패션 디자이너 에밀리오 푸치Emilio Pucci가 디자인한 화려한 패턴의 노란색 유니폼을 입었다.

60년대에는 감각적인 디자인의 세 가지 스포츠 쿠페형 자동차가 출시되었는데 모두 노란색이었다. 쉐보레 카마로 Chevrolet Camaro, 포드 머스탱Ford Mustang, 플리머스 바라쿠다 Plymouth Barracuda가 그 주인공들이다. 1967년에 뉴욕시는 모든 택시를 노란색으로, 더 정확히 말하자면, 듀퐁사Dupont(미국의 화학 회사-옮긴이)가 개발한 M6284 노란색으로 바꾸라고 지시했다. 지금도 뉴욕을 떠올리면 여러 상징적인 건물과 더불어 노란 택시가 연상되지 않은가.

노란색을 두드러지게 상징화한 것은 스마일 버튼이다. 1963년에 출시되자마자 그 시대 행복의 상징이 되었다. 더불어 노랑은 미소와 흐뭇함을 전달하는 색이 되었다.

1960년대는 의식의 전환이 일어나는 시기였다. 문화와 정치, 전쟁, 인종, 성, 환경 등 다양한 주제로 대립하며 저항과 논

쟁이 빈번하게 유발되었다. 하지만 사람들은 과거에 얽매이지 않고 미지의 세계를 향해 나아갔다. 우주 탐험 시대를 열며 새로운 도약을 시도했다. 과학 발전에도 힘을 쏟았으며 경제 성장의 동력을 마련했다. 그만큼 사회 곳곳에서 다양한 변화가 나타났다. 하지만 더 나은 사회를 향한 갈망은 결코 사그라들지 않았다. 존 레논John Lennon은 이와 관련하여 "60년대 동안 우리는 가능성을 보았고 책임 의식을 깊이 인식할 수 있었습니다. 물론 이것이 완전한 해답이 될 수는 없습니다. 그저 우리는 가능성을 살짝 경험했을 뿐입니다."라고 말했다.

산업이 발달하며 1960년대에는 색의 사용이 폭발적으로 늘어났다. 의식의 전환을 경험한 새로운 세대는 색을 이용하여 자신을 표현할 줄 알았다. 젊은이들은 필사적으로 세상에 자신들의 목소리를 전달하고 존재를 드러내길 원했다. 이들은 자제하거나 조용히 지내는 것과는 거리가 먼 세대였다. 따라서 희망과 깨달음의 상징인 노란색은 60년대에 가장 빛을 발한 색으로 60년대를 규정하는 색이 되었다.

희귀한 돌연변이 푸른 바닷가재

믿기 어렵겠지만 지구상에는 파란 바닷가재도 존재한다. 체내에 특정 단백질이 과잉 생산되면서 유전자에 변형이 일어나 파란색 몸통이 된다고 한다. 자연적 현상이 변주하며 창조해낸 뜻밖의 선물이라 할 수 있다.

전 세계 어부들은 특이한 색을 가진 바닷가재는 더 많이 존재한다고 증언한다. 실제로 노란 바닷가재, 얼룩무늬 바닷가재, 흰색 알비노 바닷가재 등 극히 드문 여러 희귀종이 잡힌 바 있다.

이 푸르고 아름다운 가재는 잡힐 확률이 2백만분의 1밖에 되지 않는다. 특히 흰색의 알비노 바닷가재가 그물에 걸릴 확

률은 1억분의 1로 추정된다. 잡힌 바닷가재 대부분은 돌연변이가 생긴 원인을 파악하기 위해 연구용 표본으로 보존된다.

푸른 바닷가재에 대해 한 가지 덧붙이자면 푸른 색소는 껍데기에만 침착되기 때문에 먹는 데 아무 지장이 없다고 한다. 놀라운 건 찜통에 들어가면 겉 색깔이 어떻든 모든 바닷가재는 빨갛게 변한다는 사실이다.

색의 고정관념에서 벗어나자

닥터 수스Dr. Seuss가 저술한 《초록 달걀과 햄Green Eggs and Ham》이 탄생한 비화는 단순한 내기와 얽혀 있다. 출판사 랜덤하우스Random House의 설립자 중 한 명인 베넷 서프Bennett Cerf는 1960년에 50개 이하의 단어로 어린이 책을 쓸 수 있는가를 놓고 시어도어 수스 가이젤Theodor Seuss Geisel(필명 닥터 수스)에게 내기를 신청했다. 가이젤은 정확히 50개의 단어만 이용해서 동화를 쓴 게 《초록 달걀과 햄》이다.

《초록 달걀과 햄》은 그가 저술한 책 중 가장 인기 있는 작품이 되었고 지금까지 총 2억 부 이상이 판매되었다. 세계적인 베스트셀러가 되었음에도 서프는 끝까지 내기에서 걸었던 돈을 가이젤에게 주지 않았다고 한다.

가이젤의 많은 저서가 그렇듯 《초록 달걀과 햄》 역시 가치 있는 교훈을 담은 아름다운 동화이다. '아이들을 위한 철학교육Teaching Children Philosophy' 웹사이트에는 '가치관을 형성하는 과정에서 경험이 얼마나 중요한지를 생각해볼 수 있는 책'이라고 언급했다.

완두콩, 시금치, 브로콜리처럼 건강에 좋은 음식과 관련이 깊은 초록색은 이 책에서 이야기를 전개하는 촉매제 역할을 맡고 있다. 초록색 달걀과 햄은 낯설게 느껴지는 대상을 간접적으로 표현한 것이다. 사실 초록색은 달걀과 햄에 어울리지 않는 색이다. 상한 것처럼 보여서일까? 이 이야기 속 인물들은 직접 경험해보지도 않고 판단을 내리고 겉모습에 편견을 갖는 모습을 여과 없이 보여준다. 결론적으로 이 이야기는 초록 달걀과 햄의 맛이 보기와는 달리 매우 훌륭한 것으로 끝이 난다.

우리의 입맛은 음식 비주얼에 크게 영향을 받는다. 음식을 어떤 그릇에 어떻게 배치하느냐, 또 어떤 색깔의 접시를 쓰느냐(셰프 대부분은 흰색 접시를 선호한다.)는 요리에서 큰 부분을 차지한다. 하지만 음식 색깔 자체도 중요하다. 연구 결과에 따르면 한 접시에 네 가지 색깔의 음식을 담았을 때 사람들의 반응이 가장 좋다고 한다. 그러나 건강 전문가는 '무지개색 식단'을 추천한다. 다양한 색깔의 음식을 골고루 섭취함으로써 필요한 영양소를 공급받을 수 있기 때문이다. 편견을 깨는 경험을 당장 시도해보자! 오늘 저녁 식사로 초록 달걀과 햄은 어떤가?

예술을
창조하는 새

당신이 수컷 새가 되어 암컷에게 구애한다고 상상해보자. 천상의 목소리로 노래했지만, 암컷의 하품만 유발하고 몸짓은 강렬한 인상을 남기지 못하고 끝나버렸다. 그러곤 화려한 깃털을 가진 공작새나 원앙새가 아님을 원망한다. 그렇다고 포기할 것인가. 바우어새를 잘 보고 따라 하면 당신만의 매력을 살린 구애의 퍼포먼스를 선보일 수 있다.

바우어새는 뉴기니와 호주에 서식하는 새이다. 짝짓기를 위해 꽤 근사한 안식처를 짓는다고 하여 '바우어bower(정자, 나무 그늘이라는 뜻-옮긴이)'라는 이름이 붙여졌다. 바우어새의 건축 솜씨는 놀라울 정도로 뛰어나다. 잔가지와 풀잎을 이용해 긴 터

널 형태를 만들기도 하고, 지붕을 뾰족한 형태로 짓기도 한다. 부지런한 수컷 바우어새는 집 안팎으로 화려한 장식물을 모아 놓는다. 조개껍데기, 꽃, 딸기류의 열매, 깃털 등 자연에서 얻을 수 있는 재료부터 병뚜껑, 빨래집게, 동전, 빨대, 유리 조각 등 인간이 만들어낸 쓰레기까지 그 종류가 매우 다양하다. 장식물이 시들거나 낡으면 새로운 것으로 계속해서 바꿔준다. 장식물의 빛깔과 위치는 지역마다 다르지만 같은 지역 안에서는 상당히 비슷하다. 화려한 집이 완성되면 소리를 내어 지저귀며 암컷을 유인한다.

바우어새가 왜 이런 방법으로 짝을 유혹하는지는 과학자들

사이에서 의견이 분분하다. 아직 정확하게 밝혀진 건 없지만, 연구원 펠리시티 머스Felicity Muth는 〈사이언티픽 아메리칸 매거진Scientific American magazine〉에서 "이 기묘한 새가 등장하기까지는 수백만 년이라는 진화의 시간이 필요했고, 멋진 집 짓는 법을 터득하기까지는 수년이 걸립니다. 그만큼 조류계의 예술가가 숨기고 있는 비밀을 밝혀내는 데는 많은 시간이 필요합니다. 이는 너무도 당연한 일이지요."라고 말했다. 선천적으로 탁월한 미적 감각이 계승되는 바우어새가 개인적으로 부러울 뿐이다. 자신만의 재능이 있는 것이 얼마나 멋진 일인가!

검은색은 반칙을 부르는가

여러 문화에서 흰색은 '선'을, 검은색은 '악'을 상징한다. 범죄자, 조직 폭력배, 다스 베이더Darth Vader(영화 스타워즈 시리즈의 악당-옮긴이)가 그랬듯이 영화에 등장하는 악당은 주로 검은색 옷을 입는다. 언어적 감수성 차원에서 보더라도 검은색이 들어간 단어는 부정적인 의미를 내포할 때가 많다. 블랙볼black ball(반대투표자-옮긴이), 블랙메일black mail(공갈, 협박-옮긴이), 블랙리스트black list(요주의 인물 명단-옮긴이), 블랙마켓black market(암시장-옮긴이) 등 어감이 불쾌해지는 단어들이다.

1970년부터 1985년까지 NFL 미국 프로 미식축구 연맹National Football League과 NHL 프로 아이스하키 리그National

Hockey League의 반칙 기록을 분석한 결과, 검은색 유니폼을 입은 팀이 다른 팀에 비해 경고를 더 많이 받은 것으로 드러났다. 심판이 검은색 유니폼을 입은 팀을 자기도 모르게 '나쁜 사람'이라고 인식해서 반칙을 선언한 걸까? 아니면 검은 옷을 입은 선수가 거칠게 반칙하는 것일까? 조심스럽게 개인적 의견을 내본다면 아이스하키의 경우 흰색 얼음판 위에서는 검은색 유니폼을 입은 선수들이 상대적으로 눈에 잘 띄어서 심판으로부터 더 주목받는 것일지 모른다.

1990년대부터 2000년대까지 NFL, NHL, MLB의 많은 팀은 검은색 유니폼을 입기 시작했다. 미국의 스포츠 전문 채널에서는 이 현상을 "어떤 팀은 좀 더 위협적인 느낌을 주고 싶어서 검은색 유니폼을 입고, 어떤 팀은 검은색이 트렌디한 색이라 유니폼과 모자가 더 잘 팔릴 것 같아서, 또 어떤 팀은 많은 팀이 입으니까 그냥 유행 따라서 검은색 유니폼을 입습니다." 라고 해석했다.

이제는 많은 스포츠팀이 팀 고유의 색깔을 나타내는 유니폼을 입는 추세다. 오래전부터 각인된 팀 고유의 이미지를 유지하는 것이 얼마나 중요한지 깨닫고 과거 팀을 상징했던 색에 다시 충성을 맹세하고 있다. 팬들은 이에 환호를 보낸다.

응원하는 스포츠팀의 유니폼 색상은 팬들에게 중요하다. 팀과 혼연일체가 되어 응원하고 싶은 마음을 유도하며 같은 팀원이라는 유대감과 연대의식을 불러오기 때문이다. 유니폼의 색상에 따라 팬들의 열정과 응원의 강도가 자극되기도 한다. 이때 팀을 강하게 만드는 데 색깔이 결정적인 도움을 준다.

인간은 몇 가지 색을 구분할 수 있을까

우리 눈에는 세 종류의 원추세포가 있다. 약 백만 가지의 색과 음영, 빛을 뚜렷하게 구분하도록 돕는 세포이다. 우리가 색감을 구별하고 인식하는 능력자가 되는 비결이 눈에 든 세포의 작용이라니 인체의 신비를 다시 한번 되새기게 된다.

그런데 최근 연구 결과에 따르면, 인구의 1%는 네 개의 원추세포를 가진 4색형 색각tetrachromat(네 종류의 원추세포로 색을 지각하는 능력-옮긴이)을 가졌다고 한다. 보통 인간은 눈에 3가지 원추세포가 있어서 빨강, 파랑, 초록을 구별하지만, 네 번째 원추세포가 있으면 더 많은 색채를 분해하고 구별하게 된다. '테트라크로맷'이라 불리는 능력인데 이론적으로 1억 가지의 색을 구분할 수 있다고 한다. 1993년, 세상에 처음 공개된 4색형 색

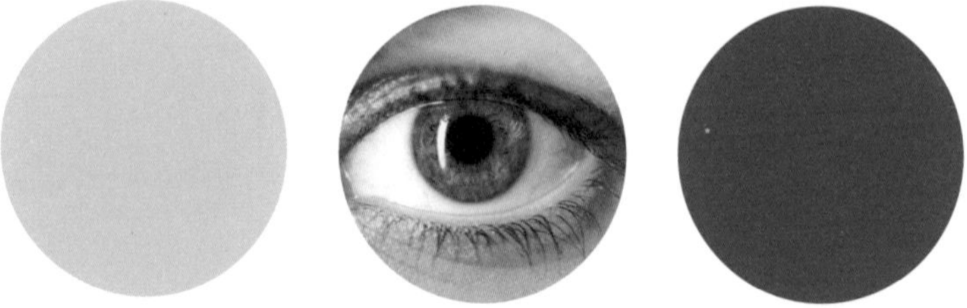

각자는 영국 캠브리지에 거주하는 여성이었다.

예술가들도 색을 분해하고 조합해 감각적인 색감으로 테트라크로맷의 시각적 효과를 드러내려 애쓰고 있다. 세계에서 몇 안 되는 4색형 색각자 중 한 명인 화가 콘센타 안티코Concetta Antico는 자신의 초능력에 가까운 특별한 능력을 이렇게 얘기한다.

"예를 들어 깔끔하게 정돈된 잔디를 본다고 가정해볼게요. 유전자 변이가 일어나지 않은 사람은 잔디가 밝은 녹색으로 보일 거예요. 더 밝게 볼 수도 어둡게 볼 수도 있겠죠. 저는 잔디에서 청회색, 보라색, 짙은 녹색, 갈색, 에메랄드색, 청록색, 라임색 등 수백 가지의 색을 봅니다. 또 잎사귀와 잎사귀 끝에서는 분홍색, 빨간색, 주황색, 금색을 보죠. 매번 정말 신기하고 황홀합니다."

디자인만 바꿨을 뿐인데

1940년 아메리칸 토바코American Tobacco의 회장 조지 워싱턴 힐George Washington Hill은 유명한 산업 디자이너였던 레이먼드 로위Raymond Loewy의 사무실로 찾아갔다. 그는 책상 위에 럭키 스트라이크Lucky Strike 담뱃갑을 놓으며 말했다.

"누군가 내게 당신이 이 담뱃갑을 더 훌륭하게 디자인할 수 있을 거라고 하더군요. 물론 난 믿지 않지만."

힐은 로위가 디자인을 변형하지 못할 것이라는 쪽에 5만 달러를 걸었다(현재 기준 약 100만 달러). 이미 스튜드베이커Studebaker, 엑손Exxon, 코카콜라Coca-Cola와 함께 작업하며 좋은 성과를 거둔 적이 있는 로위는 그 제안을 흔쾌히 받아들였다.

레이먼드 로위는 세 가지 부분에 변화를 주었다. 먼저 전체적으로 글씨의 배열을 단순화시켰다. 그리고 '럭키 스트라이크' 로고를 확대하고 색을 바꿨다. 기존의 녹색 바탕을 흰색으로 변경한 것이다. 바뀐 담뱃갑은 이전보다 더 깨끗하고 부드러운 느낌이 들었다. 당시 증가하던 여성 흡연자의 마음을 사로잡는 디자인이었다. 그 후 럭키 스트라이크는 이 디자인을 100년 넘게 고수하고 있다.

색깔을 이용한 마케팅을 시도할 때는 성별에 따른 색채 선호도를 중요하게 고려해야 한다. 대체로 남성은 선명한 색을 선호하고 여성은 파스텔 계열을 선호한다. 자연스레 순색에 검은색을 더한 어두운 계열에는 남성이 끌리고, 순색에 흰색을 더한 밝은 이미지에는 여성이 끌린다. 바뀐 럭키 스트라이크 담뱃갑을 예로 들자면 선명한 빨간색 동그라미는 남성이 좋아했고, 전반적으로 밝고 세련된 디자인은 여성이 마음에 들어 했다.

리뉴얼된 담뱃갑은 시장에 나오자마자 아주 큰 인기를 끌었다. 디자인을 고민하며 색에 변화를 준 레이먼드 로위의 통찰력과 선택이 놀라운 결과로 이어진 것이다. 결국 힐은 로위에게 약속대로 5만 달러를 한 푼도 빠짐없이 주어야 했다.

이처럼 작은 변화가 큰 차이를 만들어낸다.

BLUE

파랑

영감의 원천

예술 학교 재학시절, 노스캐롤라이나 샬럿에서 온 룸메이트가
제임스 코튼James Cotton의 음악을 들려주었다.
그때 처음 접해본 블루스 하모니카 연주는 그야말로 영혼을 울리는
선율이었다. 이제껏 내가 들었던 음악과는 차원이 달랐다.

미국의 블루스 음악은 찬송가와 흑인 영가로부터 발전했다. 강한 구전 문화를 가졌던 흑인 노예들은 삶의 애환을 노래로 다음 세대에 물려주었다. 따라서 '블루스(블루가 '우울한'의 의미도 있음—옮긴이)'에는 악마 같은 주인에게 억압받던 흑인 노예의 우울했던 삶이 담겨 있다.

'블루스'의 어원을 술에서 찾기도 한다. 과거 그리스, 로마, 중국, 이집트 문화에서는 정신질환이 악마 때문에 생긴 것이라고 믿었다. 영국 엘리자베스 여왕 시대에 알코올 금단 현상으로 환각을 겪는 상태를 '블루 데빌Blue Devil'이라고 불렀다. 우울증, 떨림, 환각 증상이 시작되면 '블루 데빌이 찾아왔다'라고 표현하며 깊은 상실 상태에 빠졌다. 세월이 흐른 뒤 이 단어

는 축약되어 '블루스'가 되었다고 한다.

블루스를 설명할 때 '쓸쓸함'과 '투쟁'이라는 단어가 자주 언급된다. 가사가 주로 사랑이나 애수의 감정을 표현하기 때문이다. 원래 블루스는 무반주 노래였다. 훗날 매우 다양한 리듬으로 변주되며 밴조나 기타 반주를 사용하게 되었다. 이제는 복음성가는 물론 부기우기boogie-woogie(블루스에서 파생된 재즈 음악의 한 형식-옮긴이)에 이르기까지 폭넓게 애용되고 있다.

블루스의 아버지 W. C. 핸디W. C. Handy는 "부활의 날에 죄인이 부르는 노래이다."라고 정의했다. 전설적인 가수 앨버타 헌터Alberta Hunter는 "마음이 아프고 영혼이 불안하기에 블루스를 노래합니다."라고 언급했다. 블루스 기타연주자로 유명한 B. B. 킹은 "사람들은 누구나 문제를 안고 삽니다. 사람들이 문제를 계속 안고 있는 한, 블루스는 결코 사라지지 않습니다."라고 말했다. 블루스 본질을 이 대중음악계 거장들이 가장 잘 표현한 듯하다.

문학계에서는 블루스가 슬픔을 나타내는 용어로 사용된다. 처음 언급한 미국 작가 워싱턴 어빙Washington Irving은 1807년에 잡지 <살마간디Salmagundi>에 이렇게 기고했다.

"나의 친구 론첼로는 열변을 토하다 한숨과 함께 갑자기 할 말을 잃었다. 그가 여전히 블루스 군대 속에 사로잡혀 있는 것처럼 보였다."

미술계에서 '블루'는 희망을 주는 색으로 통한다. 광활함, 개방감, 자유, 상상력의 원천인 바다와 하늘의 색이지 않은가. '창공 너머wild blue yonder'와 '자유로운 사고blue-sky thinking'와 같은 익숙한 표현에도 '블루'가 들어간다. 또한 파란색은 현명함, 정직함, 신뢰를 상징한다. 트루 블루true blue라는 단어는 '충실한'이라는 뜻으로 사용된다. 그래서일까. 파란색으로 도배된 방에 있으면 창의력과 생산성이 높아진다고 한다.

성별, 나라, 문화적 배경에 상관없이 사람들이 선호하는 색

‘블루’는 전 세계 국기의 53%를 포함하고 있을 만큼 대중적이다. 기업의 이미지를 만드는 데 파란색이 자주 사용되는 이유도 여기에 있다.

이처럼 ‘블루’는 인간 감정의 양 끝단을 표현할 수 있는 변화무쌍한 색이다. 슬픔과 우울함과 절망을 묘사할 때 사용되며 최고로 환희에 이르는 순간에도 이용된다. 바로 이런 점 때문에 블루스야말로 영감을 주는 최고의 원천이라고 음악가들이 말하는 건 아닐까?

하얀색의 양면성

1차 세계 대전이 발발하자 영국에서는 젊은 남성이 군복을 입고 있지 않으면 여성들이 다가가 하얀 깃털을 건네곤 했다. 전쟁에 소극적인 태도와 나라에 대한 떳떳하지 못한 책망을 흰색에 담은 것이다. 하얀 깃털은 '겁쟁이'의 상징이었다. 닭싸움에서 하얀 깃털을 가진 수탉이 싸움에 약한 데서 유래된 관습적 표현이다.

이에 근거해 찰스 피츠제럴드 제독Admiral Charles Fitzgerald은 전쟁에 참전하지 않은 남성을 공개적으로 망신 주기 위해 '하얀 깃털단White Feather Brigade'을 설립했다. 하지만 사람들 앞에서 대놓고 망신을 주는 이 행위는 곧 부작용을 낳았다. 휴가 나온 현역 군인이 고향에 머물며 일상복을 입고 있을 때도 오해

를 받아 하얀 깃털을 받은 사례들이 기록으로 많이 남아 있다. 게다가 전쟁에 참전하기 어렵다고 판정을 받은 면제대상자도 공개 망신에 시달려야 했다. 자괴감과 수치심을 견디지 못한 일부 남성은 자살하기도 했다.

보편적으로 흰색은 평화를 상징한다. 중립과 항복의 의미로 흰색 깃발을 걸지 않는가. 일상에서 흰색은 순수함과 결백을 함축하고 있다. 하나의 사건을 계기로 색의 이미지가 폄하되는 일은 없어야겠다.

색이 보여주는 경고 신호

동물의 생존방식은 다양하다. 먹이사슬의 관계에서 살아남을 수단으로 몸을 부풀리거나 빠른 발로 도망치고, 몸의 색깔을 바꾸어 포식자의 눈을 피하기도 한다. 자신이 위협적인 동물이라는 사실을 상대에게 알리는 용도로 몸의 색을 이용하기도 한다. 이렇게 색으로 자기를 지키려는 동물의 생존방식을 1890년 영국의 동물학자 에드워드 배그널 폴턴Edward Bagnall Poulton은 '경계색'이라고 명명했다.

메리엄 웹스터 사전The Merriam-Webster Dictionary에는 경계색을 "눈에 띄는 밝은 몸 색깔을 이용해서 포식자에게 자신이 독성이 있음을 알리거나, 잡아먹을 시 불쾌할 수 있음을 경고하기 위해 사용하는 신호이다."라고 정의한다. '경계색aposematism'

의 어원은 '멀리'라는 의미의 그리스어 'apo'와 '신호'라는 의미의 'sema'에서 파생되었다.

스컹크의 굵은 흰줄무늬는 가까이 오면 위험할 수 있다는 걸 드러낸다. 꿀벌독개구리의 강렬한 몸 색깔은 피부에서 독이 뿜어져 나온다는 표상이다. 말벌 역시 노란색과 검은색 무늬로 체내에 맹독성 침이 있다고 경고한다. 무당벌레는 밝은 색을 띨수록 강한 독을 가지고 있다. 조사된 바에 의하면 흰색, 노란색, 빨간색, 검은색은 상대를 가장 효과적으로 위협하는 경계색으로 알려져 있다.

교통 표지판을 보자. 검정과 노랑이 당신에게 경계심을 갖게 하지 않는가. '이봐, 운전에 집중하라고. 이 도로는 이 표지판 같은 위험이 도사리고 있단 말이야.'라는 무언의 위협이다. 자연에서는 동물들의 화려한 무늬와 색이 '조심해!'라는 신호를 준다. 이렇게 자연의 경고 표시가 우리 일상에도 적용된다.

여권,
나라 이미지가 달라지고 있다

화폐와 마찬가지로 여권은 개인이 소지하고 다니는 나라의 상징이다. 디자인이 훌륭한 여권은 그만큼 자기 나라의 자부심으로 새겨질 수 있다.

국가가 여권 색을 결정할 때 절대적으로 따라야 하는 지침은 없지만, 암묵적인 기준은 존재한다. 캐나다, 미국, 호주, 홍콩처럼 1770년 이후로 탄생한 신생국가는 파란색 여권을 사용하는 경향이 있다. 동유럽 및 아시아 국가, 특히 1920년 이후 건립된 국가의 경우 빨간색을 주로 사용한다. 초록색은 종교적으로 의미가 있는 색이므로 주로 이슬람 국가들이 초록색 여권을 사용한다. 이슬람교를 창시한 무함마드가 가장 선호했던 색이 자연과 생명을 상징하는 초록색이었다는 데서 영향을

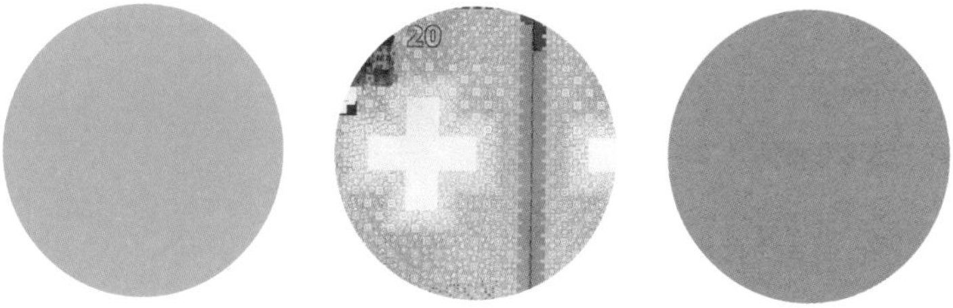

받았다. 검은색 여권은 소수의 국가가 사용한다. 앙골라, 차드, 뉴질랜드가 검은색 여권을 사용하는 대표적인 국가이다. 마지막으로 유럽 연합 회원국은 자주색을 주로 사용한다.

세계 각국은 여권에 나라만의 개성을 담고 있다. 겉표지를 색다르게 디자인하거나, 여권 속지의 색깔을 화려하게 바꾸거나, 속지에 아주 멋진 삽화를 넣거나, 자외선 조명 아래에서만 볼 수 있는 아름다운 이미지를 몰래 숨겨놓는 등 새로운 디자인을 선보인다.

노르웨이 여권의 색상은 옅은 빨간색, 청록색, 흰색이다. 일반 여권, 관용 여권, 외교관 여권의 분류에 따라 색이 달라진다. 스위스 여권은 밝은 빨간색에 십자 문양을 올록볼록하게 양각 처리하여 감각적으로 구현했다. 핀란드 여권은 플립북flipbook 형식으로 제작되어 페이지를 차례대로 넘기면 모서리에서 달리고 있는 순록 한 마리를 볼 수 있다.

독창적인 디자인과 향상된 인쇄 기술은 두 가지 긍정적인 효과를 불러온다. 먼저 여권 위조를 어렵게 만든다. 그리고 국가의 정체성을 확고히 세울 수 있다. 여권이 정형화된 형식을 뛰어넘어 자유롭게 표현되고 개성적인 디자인을 갖는 것처럼 창조적 혁신이 사회 곳곳에서 이뤄지길 기대해본다.

테니스 코트를 사수하라

테니스 경기는 세 가지 유형의 코트에서 이루어진다. 가장 대중적인 코트는 하드 코트로 프로 선수와 아마추어 선수, 테니스 애호가를 포함한 대다수가 이 딱딱한 지면 위에서 경기한다. 나머지 두 코트의 재질은 잔디와 점토이다. 4대 그랜드슬램 대회 중 호주 오픈the Australian Open과 US 오픈the U.S. Open은 하드 코트에서 열린다. 그리고 윔블던Wimbledon은 잔디 코트에서 나머지 프랑스 오픈the French Open은 클레이(점토) 코트에서 치러진다. 테니스 선수들에게 어떤 코트에서 경기하기가 가장 까다롭냐고 물으면 십중팔구 클레이 코트를 얘기한다. 왜 그럴까?

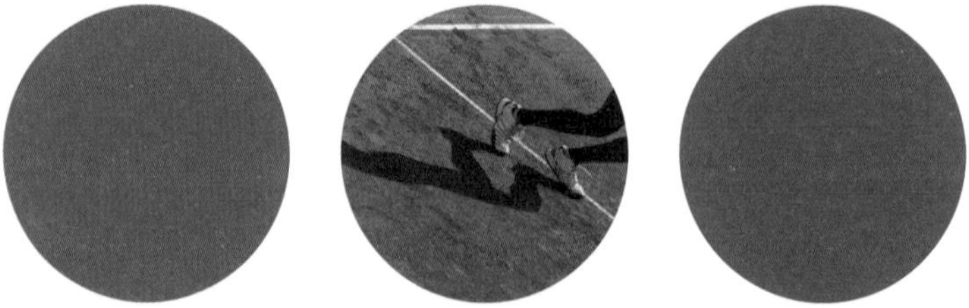

전 세계의 클레이 코트 중 진짜 흙으로 이루어진 코트는 거의 없다. 프랑스 오픈도 처음에는 잔디 코트에서 열렸다. 그러다가 1800년대 후반, 윔블던에서 7번 우승한 윌리엄 렌쇼 William Renshaw는 햇볕에 잔디가 타는 것을 보호하기 위해 자신의 테니스 코트에 붉은 흙가루를 얇게 뿌렸다. 이후 프랑스 오픈의 조직위원들은 테라코타terra-cotta 즉, 토기를 부순 가루로 경기장을 얇게 덮었다고 한다. 현대의 클레이 코트는 석회암과 모래를 층층이 쌓은 단단한 토대 위에 잘게 부순 붉은색 벽돌가루를 도포해서 완성된다.

프랑스 오픈의 코트를 만드는데 매년 약 4만kg의 재료가 투입된다. 경기에 알맞은 코트를 만들려면 관리인들이 몇 시간 동안 벽돌가루가 뭉치지 않게 고르고, 다듬고, 물을 뿌려야 한다. 그럼에도 바닥에 도포한 붉은 벽돌가루가 경기 중에 흩날려 흰색 석회층이 드러날 때도 있고, 가루가 한 곳에 뭉치기도 한다. 공기 중으로 없어지기도 하고 선수들 옷에 달라붙기도 한다. 따라서 클레이 코트에 완벽한 '빨간색 코트'를 입히기 위해 약 5천 kg에 달하는 여분의 벽돌가루를 경기장 구석에 비축해두고 있다. 클레이 코트는 프랑스오픈을 빛내는 마스코트라 해도 과언이 아니다.

기발한 자동차 이름은 색에서 나왔다

1969년부터 1970년까지 포드 자동차는 젊은 세대와 시시각각 변하는 대중의 마음을 사로잡기 위해 날렵한 모델을 많이 선보였다. 이때 자동차에 붙여진 매버릭Mavericks, 머스탱Mustangs, 핀토Pintos 등의 이름은 무척이나 재밌다. 그럼 왜 이런 이름이 붙여졌을까?

기억하시라! 이 당시의 사람들은 스트로베리 알람 클락Strawberry Alarm Clock(1960년대 후반에 미국에서 활동한 사이키델릭 록밴드, 사이키델릭은 환각을 일으키는 듯한 음악을 뜻함-옮긴이)의 음악을 듣고, 텔레비전에서 래프인Laugh-In(1968년에서 1973년까지 방영된 미국 코미디 프로그램-옮긴이)을 보고, 이지라이더Easy Rider(자유를 찾

Anti-Establishment Mint [mint green]
민트가 아니야
[민트 그린]

Freudian Gilt [gold]
프로이트의 금박
[금색]

Last Stand Custard
[bright yellow]
최후의 커스터드
[밝은 노란색]

Thanks Vermillion
[deep red]
버밀리언 고마워
[진한 빨간색]

There She Blue
[medium blue]
잔망스러운 그녀
[미디엄 블루]

기 위해 오토바이를 타고 미국을 횡단하는 두 젊은이를 그린 영화-옮긴이)를 관람하러 영화관에 가던 때였다는 사실을! 개성이 아니면 승부를 보기 어려웠던 시대였다. 다음은 그 시절 포드 자동차에 붙인 기발한 이름이니 감상해보자.

경마 기수복, 디자인과 색을 응원하다

경마 기수의 옷은 화려한 디자인과 색감을 자랑한다. 선명한 줄무늬, 물방울무늬, 바둑판무늬, 별이나 클로버 무늬가 돋보이는 디자인은 독특하고 개성이 넘친다. 이런 색감과 무늬는 경주마가 쏜살같이 달려도 관중들이 응원하는 말을 쉽게 찾도록 돕는다. 이 화려한 기수복의 공식 이름은 '레이싱 실크스racing silks'이다. 275년 넘게 경마에서 빼놓을 수 없는 중요한 요소를 차지하고 있다.

1700년대 중반을 거치면서 경마의 인기는 점점 더 높아지고, 경기에 참여하는 말의 수도 증가했다. 영국의 경마 협회 자키 클럽Jockey Club은 참가 선수가 쉽게 구분될 수 있도록 기수

복장을 눈에 띄는 옷으로 디자인하게 했다. 초기에는 가벼운 실크 소재의 단색 기수복을 주로 입었다. 하지만 경기에 등록하는 마주馬主와 말의 숫자가 증가하면서 점차 색과 무늬가 화려한 기수복을 입게 되었다. 그리고 가문의 문장과 휘장을 새긴 기수복도 나왔다.

오늘날 미국과 영국에서는 기수의 옷 색깔이 겹치는 것을 방지하기 위해 마주는 기수와 경주마의 옷색을 미리 등록하게 하는데 마주가 옷색을 정하는 것을 '마주복색제'라 한다. 미국과 영국 두 나라만 해도 총 3만 건이 넘는 마주복이 등록되어 있다. 단, 미국의 경우 기수가 입는 옷을 디자인할 때 반드시

따라야 할 지침이 있다. 바로 옷의 앞과 뒤가 동일한 디자인이어야 한다는 것이다.

자키 클럽은 복장을 어느 정도 단순화시키기 위해 선택할 수 있는 디자인을 38종으로 제한했다. 또 소매를 디자인할 때는 19종의 디자인 중 하나를 선택해야 한다. 상의와 소매에 각각 두 가지 색을 정할 수 있고 선택할 수 있는 색은 총 네 가지이다. 요즘에는 실크 소재를 사용하지 않고 나일론 또는 스판덱스, 폴리에스테르 혼합물로 기수복을 제작한다. 영국에서는 기수가 새 옷을 받았을 때 땅 위에 던져 발로 짓밟는 전통이 있다. 옷만 땅에 닿고 기수는 땅에 닿지 않는 게 최고라고 한다.

색의 어원 2

배턴루지_baton rouge

bat-n roozh / 프랑스어 / 1682년

루이지애나의 주도 배턴루지는 미시시피강 유역에 있는 도시이다. 1682년, 프랑스의 탐험가 르네로베르 카블리에 드라살(René-robert cavelier de la salle)은 여행 중 멀리서도 눈에 띄는 큰 상록수를 발견했다. 껍질이 벗겨진 상태로 붉은색을 띠고 있었다. 지역 원주민들이 사냥터의 경계를 정하기 위해 표시한 것이란 사실을 알게 된 로베르는 '빨간 막대기'라는 의미의 프랑스어 '바통 루주(le baton rouge)'라고 불렀다.

아르헨티나_argentina

ahr-juhn-tee-nuh / 스페인어 / 1853

아르헨티나는 '은'을 뜻하는 라틴어 '아르겐툼(argentum)'에서 유래한 단어이다. 스페인 탐험가들이 난파당한 뒤 지금의 아르헨티나에 도착했고 원주민과 거래해 은을 얻을 수 있었다. 1584년 은이 차고 넘친다는 전설의 산, 시에라 델 플라타(Sierra del Plata) 소문이 스페인에 퍼진 시발점이었다.

카키_khaki

kak-ee / 우르두어 / 1855-1860년

카키는 '먼지'라는 뜻의 우르두어이다. 인도가 영국의 식민지였을 당시 영국령 인도군을 통해 이 단어가 전파되었다고 한다. 영국군은 위장에 적합한 군복의 필요성을 느꼈고, 전통적인 붉은색 군복이 위장술에 적합하지 않다는 결론을 내렸다. 그래서 인도에 주둔하는 영국군은 모래와 비슷한 색의 군복을 입기 시작했다. 이때 생긴 카키 팬츠가 지금까지도 많은 이들에게 사랑받고 있다.

푸크시아_fuchsia

fyoo-shuh / 근대 라틴어 / 1745

푸크시아는 1696~1697년에 제3차 안틸 제도 탐험 중 프랑스의 식물학자였던 샤를 플뤼미에(Charles Plumier)에 의해 히스파니올라의 카리브해 섬에서 발견되었다. 그는 독일의 저명한 식물학자 레온하르트 푹스(Leonhard Fuchs 1501~1566년)의 이름을 따서 이 꽃의 이름을 지었다.

1859년 프랑스 화학자가 '푹신(fuchsin)'이라는 아닐린 염료를 개발해 특허를 냈고 큰 인기를 얻게 되었다. 푸크시아는 자줏빛을 띤 빨간색으로 주로 직물을 염색하는 데 사용된다.

블랙박스가 검정이 아니라고?

항공기에 탑재하는 블랙박스는 명칭과는 달리 검은색도 아니고 상자라고 부르기도 애매하다. 항공기용 블랙박스는 주황색의 작은 발전기에 더 가까우며 비행기록장치FDR와 조종실 음성기록장치CVR 두 가지 요소로 구성되어 있다. 비행기 사고가 나면 조사 당국은 이 두 기록 장치를 통해 대기 속도, 고도, 방향타 위치 등 비행기록의 세부적인 내용을 분석하고 사고 직전에 조종실에서 어떤 대화가 오고 갔는지 파악한다.

블랙박스는 대부분 비행기 꼬리 밑 부분에 설치된다. 이유는 비행기가 추락했을 때 가장 충격을 적게 받는 곳이기 때문이다. 밝은 주황색인 이유도 사고현장에서 쉽게 발견하기 위함이다.

항공 안전관리 업계는 '블랙박스' 용어보다 '비행기록장치'라는 표현을 더 선호한다. 블랙박스 용어의 기원에는 몇 가지 가설이 있다. 그중 2차 세계대전에 사용된 영국 공군의 전투기 기록 장치가 검은색 금속 상자에 덮여 있었기 때문이라는 설이 가장 유력하다.

전파 반사를 막기 위해서 상자에 무광의 검은색을 칠했다고 전해진다. 사실 블랙박스는 '회로의 작동원리는 모르지만, 결과를 알 수 있게 해주는 장치'라는 뜻도 있어 다른 방면에서도 널리 사용되는 용어이다.

푸른발을 가진 부비새

암컷 푸른발부비새blue-footed booby는 짝을 고를 때 선명한 파란색 발을 가진 수컷을 찾는다. 수컷의 키가 큰지, 구애의 노랫소리가 얼마나 아름다운지에는 신경도 쓰지 않고 오직 수컷의 발에만 관심을 둔다. 암컷은 선명한 파란색 발을 가진 수컷에게 가장 매력을 느끼는 것이다.

푸른발부비새의 주식은 멸치, 고등어, 정어리 등 신선한 바다 생선이다. 이런 먹이에 들어 있는 카로티노이드carotenoid 색소가 피부세포를 물들여 발까지 푸른빛을 띠게 되는 것이다. 발 색깔이 선명한 파란색일수록 건강 상태가 좋다. 연구에 의하면 건강한 수컷이 새끼 양육에도 적극적으로 솔선수범해 좋은 아빠가 된다고 한다. 또한 크고 푸른 발로 알이 부화하는 동

안 둥지를 따뜻하게 보온도 한다.

짝짓기에서 수컷 푸른발부비새는 암컷에게 상당히 멋진 공연을 보여준다. 날개를 펼치고 머리를 대담하게 뒤로 젖혀 부리를 하늘로 쳐든다. 그리고 물갈퀴가 달린 푸른 발을 오른쪽 왼쪽 번갈아 올리며 자랑한다. 암컷이 자신의 구애를 받아줄 때까지 이 동작은 계속된다. 마치 자신의 작품을 뽐내듯이 말이다.

사람들은 이들의 귀엽고 엉뚱한 모습에 '부비새'라는 이름을 지어주었다. 부비는 '보보bobo'라는 스페인어에서 유래했다. '멍청이' 혹은 '바보'라는 뜻이다. 춤이 우스꽝스러워 보여도 결과적으로는 자신의 목적을 달성한다. 푸른발부비새의 기'발'한 생각은 푸른 '발'에서 나온 것일지 모른다.

소화전 색에 담긴 의미

소화전을 관찰해본 적 있는가? 소화전은 색깔별로 구분되어 규정과 목적에 맞게 제작된다. 지방 자치단체는 각 소화전 위치에서 사용할 수 있는 물의 용량을 소방관이 바로 알 수 있도록 색깔 시스템을 도입했다. 각각의 색들은 '분당 갤런GPMs(1갤런이 영국에서는 약 4.545리터, 미국에서는 약 3.785리터-옮긴이)'을 나타낸다. 즉, GPM이 높을수록 화재를 진압할 때 사용할 수 있는 물의 양도 많다는 뜻이다.

이 소화전 색상 시스템은 혼동을 부르기도 한다. 미국에서는 두 가지 색으로 이루어진 소화전을 심심찮게 마주칠 수 있는데 소화전 꼭지 색상은 GPM을 나타내고, 본체는 소유권이

나 취급 방법을 나타낸다. 예를 들어 본체가 흰색이면 소화전이 공공 용수를 공급한다는 의미이다. 노란색이면 공공 용수와 연결된 개인 소유의 소화전이라는 뜻이다. 또 보라색 본체는 연못이나 호수에서 물을 공급받는다는 의미이다. 마지막으로 검은색 소화전은 작동이 불가하다는 것을 나타낸다.

이 설명을 읽고 단번에 소화전을 구분할 수 있겠는가. 설상가상 미국 소화전 중 절반 정도만 이 색상 시스템이 적용되어 있다. 더 난해한 것은 어떤 지역에서는 요구 사항에 맞춰 자체적인 색상 시스템을 따른다는 것이다.

세계 여러 나라에서 이러한 색깔 시스템을 소화전에 적용하

분당 1,500갤런
(약 5,700리터)
송수 매우 양호

1,000갤런
(약 3,800리터)
주택 지역에 적합

분당 500에서 999갤런
(약 1,900리터~3,800리터)
거의 부적합

분당 500갤런 이하
(약 1,900리터 이하)
부적합

작동 불가

수원이 호수나 연못

지만, 현재 명확한 기준은 없는 실정이다. 그러니 이웃집에 가서 소화전에 슈퍼마리오Super Mario와 엉클샘Uncle Sam을 그려도 되냐고 부탁하면 운 좋게 허락을 받을 수도 있다.

ORANGE

주황

같은 색깔 다른 세계

어린 수도승은 승복 만드는 법을 열심히 귀담아듣는다.
곧 자신의 옷을 직접 만들어야 하기 때문이다.
불교 승려는 2500년 이상 동일한 형태의 의복을 입은 것으로 추측된다.
승복은 한때 버려진 천 조각을 모으거나 화장터에서
쓸 만한 재료를 찾아 승복을 만들었다. 그러나 오늘날은
지역 주민들이 사찰에 기증한 천으로 옷을 짓는다.

수도승은 밭의 모양을 본떠서 직사각형 천을 서로 이어 붙여 승복을 만든다. 어깨에서 시작해 무릎 아래까지 내려오는 '상의'와 허리에서 무릎까지 덮는 '내의', 특별한 날에 겉에 걸치는 두 겹으로 된 '대의'를 손수 지어 입는다. 세 벌을 모두 완성하면 초보 수도승은 옷에 정성스럽게 자기 이름을 새긴다. 조각난 천을 이어 붙여 옷을 입는 행위는 헌신을 의미하며 물질주의를 거부한다는 상징이다. 승복에 깃든 의미가 보여주듯 승려들은 겉모습이나 옷이 아닌 '정신'으로 평가받기를 원한다.

승려들은 조각조각 모은 천을 염색하기 위해 열매, 꽃, 잎, 나무껍질, 뿌리 등의 자연 재료로 염료를 만든다. 대표적인 강

황과 아나토 씨앗annatto seeds은 동남아시아 불교의 상징인 샤프란 오렌지색saffron orange을 내는 데 중요한 재료이다. 염색 작업이 끝난 승복의 색은 마치 불타오르는 태양 같다. 진실과 깨달음을 상징하는 강렬한 색의 승복을 입고 승려들은 정신수행에 온 힘을 쏟는다. 열반을 향해 정진하는 것이다.

아시아 사원의 성스러운 주황색 승복과 달리 아주 멀리 떨어진 곳에서는 격리된 채 강제적으로 입어야 하는 곳도 있다. 바로 경비가 삼엄하기로 유명한 미국 연방 교도소이다. 재소자들은 주황색 점프 수트를 죄수복으로 입는다. 면과 폴리에스테르 혼방으로 만든 이 반소매 점프 수트는 크기가 다양하고 허리 쪽에 쉽게 끊어지지 않는 밴드가 있다. 이 죄수복에는 지퍼나 금속 단추, 주머니를 찾을 수 없다. 등에 검은색으로 인쇄된 교도소 이름 외에는 개인의 신원을 알 수 있는 어떤 것도 적혀 있지 않다.

불교의 승복과 마찬가지로 이 죄수복은 수감자들의 개성을 없애고 표현의 자유를 제한하는 의도에 맞게 디자인되었다. 그러나 승복과 죄수복의 공통점은 이게 전부이다.

죄수복은 자부심을 주지 않고 심오한 메시지를 상징하지도 않는다. 단지 자신이 위험한 사람이라고 알려주는 용도로 사용될 뿐이다. 밝은 주황색 죄수복을 입은 재소자는 눈에 매우 잘 띄기 때문에 탈옥을 시도해도 쉽게 붙잡힌다고 한다.

최근 몇몇 변호사와 심리학자가 주황색 죄수복이 인권 침해라고 주장하며 사회의 이목을 끌었다. 공판에 주황색 복장으로 참석하면 죄인이라는 고정관념을 불러일으켜 배심원들이 유죄라고 판단하는 근거에 영향을 끼친다는 것이다. 이런 이유로 일부 교도소는 과거 사용했던 어두운 계열의 카키색이나 청 데님 죄수복을 다시 도입하고 있다.

성격이 완전히 다른 두 공동체는 옷의 색에서 공통분모가

형성된다. 같은 색을 입더라도 하나는 자기 선택에 의한 것이지만 다른 하나는 법에 의한 것이다. 한 공동체는 주황색 승복을 입기로 스스로 '선택'하지만 다른 공동체는 주황색 죄수복을 입도록 '강요'받는다. 연구에 따르면 주황색은 호불호가 극명하게 갈린다고 한다. 매우 좋아하거나 매우 싫어하는 극단적 선택만이 있다는 것이다. 그야말로 주황색은 중간이 없는 색이다.

빨간 머리는 왜 공공의 적이 되었는가

클레오파트라, 엘리자베스 1세, 찰스 다윈Charles Darwin, 마크 트웨인Mark Twain의 공통점은 무엇일까? 이들은 모두 빨간 머리의 소유자였다. 여러 민족에서 나타나기는 하지만 세계 인구 비율의 2%만이 적갈색 머리를 가진다. 그중 빨간 머리 비중이 가장 높은 곳은 스코틀랜드와 아일랜드이고 전체 인구의 10%~13%에 달한다.

슬프게도 역사는 빨간 머리를 가진 사람들에게 냉정했다. 중세 시대에는 빨간색 머리가 초자연적인 힘을 가졌다며 이들을 마녀라고 낙인찍었다. 스페인 종교 재판에서는 붉은 머리카락을 가진 사람을 유대인으로 간주하여 모진 박해를 가했

다. 지금도 빨간 머리에 대한 선입견으로 '고집불통', '겁쟁이', '당근 머리', '성냥개비', '빨간 머리의 괴물' 등과 같이 부정적인 이미지로 불린다. 선천적인 머리 색 때문에 이들의 삶은 태어나면서부터 평온에서 벗어나 있는 것이다.

붉은빛이 도는 금발이든, 짙은 적갈색이든 빨간 머리를 가진 사람은 상당히 신비롭고 매혹적일 수밖에 없다. 연구에 따르면 머리카락이 빨간 사람들은 피부에서 좋은 향기가 나는 경향이 있다고 한다. 스티븐 더글러스Stephen Douglas는 그의 책 《빨간 머리 백과사전The Redhead Encyclopedia》에서 빨간 머리의 사람에게서는 "선천적으로 달콤한 머스크향과 비슷한 향이 난다."라고 기술했다.

독일의 성 연구가인 베르너 하베르멜Werner Habermehl 역시 독일 여성 수백 명의 성생활을 연구한 끝에 빨간 머리카락의 여성이 다른 여성보다 평균적으로 더 많은 성관계를 가진다는 사실을 밝혀냈다. 몬트리올 맥길대학Montreal's McGill University이 진행한 연구에 따르면, 금발이나 흑갈색의 여성보다 빨간색 머리를 가진 사람이 고통을 25% 더 참을 수 있다고 한다.

빨간 머리는 노화되면서 백발이 아니라 은발로 변한다. 이제야 알 것 같다. 왜 믿을 수 없을 만큼 놀랍다는 뜻의 'incredible(인크레더블)' 중간에 '레드red'가 자리하고 있는지를!

바닷속 오묘한 색의 향연
버튼산호

사진 속 화려한 디자인은 뜨개질로 만든 주전자덮개나 모자가 아니다. 깊은 바닷속 산호초이다. 과학자들은 '조안시드zoanthids목으로 분류하지만 보통은 '카펫코랄carpet coral', '버튼산호button polyps', '주zoos'와 같은 명칭으로 불린다. 이 독특한 버튼산호는 빠른 번식력으로 군집을 이루며 산다. 골격이 있는 경산호와 달리 꽃잎을 닮은 부드러운 촉수도 가지고 있다. 색도 강렬하고 아름다워 취미로 기르는 사람에게 무척 인기가 높다.

버튼산호는 체내에서 색소를 생성하지 못한다. 아름다운 빛깔은 바다 조류가 광합성으로 산호에게 영양분을 제공해 만들어진다. 산호는 바다 조류를 안전하게 보호해주고 바다 조류

는 광합성을 통해 산호에게 영양분을 제공하는 것이다. 만약 수족관에 버튼산호가 있다면 조명을 켜두자. 그 빛을 받아 바다조류가 광합성을 하면 산호가 선명하게 색을 바꾸는 환상적인 장면이 연출될 것이다.

버튼산호는 그 종류도 다양하고 색도 화려해서 재미있는 이름이 많다. 수족관 용품점에 방문할 일이 있다면 '레드 데빌Red Devil People Eaters', '밤밤 오렌지Orange Bam Bam', '핑크 히포Pink Hippos', '뉴클리어 그린Nuclear Green', '퍼플 몬스터Purple Space Monsters'라는 이름을 가진 버튼산호를 한번 찾아보라! 자연이 연출하는 오묘한 색의 향연을 감상할 수 있다.

난민에게 국가를 허하라

현재 지구상의 난민은 6천 5백만 명으로 추정된다. 2015년에는 전 세계에 흩어져 있는 난민들을 위한 국가를 만들어 이주시키자는 주장이 제기되었을 정도이다. 여러 정부와 업계, 사회운동단체의 지지를 받으며 '난민 국가Refugee Nation'라는 사회 운동으로까지 확대됐다. 놀랍게도 크라우드 소싱Crowd Outsourcing(대중과 아웃소싱의 합성어로, 대중들의 참여로 해결책을 얻는 방법- 옮긴이) 캠페인을 통해 돈을 모으기도 했다.

시리아의 예술가 야라 사이드Yara Said는 2016년 리우 올림픽에 출전한 10명의 난민 대표 선수들을 위해 깃발을 디자인했다. 자신과 여러 난민이 안전한 지역을 찾아 거친 바다로 떠

났을 때 생존을 위해 입었던 구명조끼에서 영감을 얻은 디자인이라고 한다. 검은색 끈이 달린 평범한 주황색 구명조끼가 선수들의 힘겨웠던 시간을 상징적으로 나타낸다. 밝은 주황색 구명조끼는 멀리서도 눈에 띄어 위험에 처한 사람을 빨리 찾아 구조하게 한다.

사이드의 난민 깃발은 난민 문제의 대중적 의식을 높이는 확실한 계기가 되었다. 하지만 안타깝게도 이 선수들은 어떤 나라도 대표할 수 없었다. 이 구명조끼 깃발은 '난민국가'를 대표하면서 동시에 우리에게 구조 신호를 보내는 건 아닐까?

빨간 글자에는 특별함이 있다

'빨간 글자의 날red-letter day'은 특별하고 기념할 만한 날을 지칭하는 표현이다. 그 기원은 수백 년 전으로 거슬러 올라간다. 초기 로마 달력은 중요한 날짜에 빨간색 잉크로 표시했다. 성자의 날이나 축제일처럼 휴일 및 종교 행사가 있는 날을 잘 기억할 수 있도록 강조하기 위함이었다. 오늘날도 주말 혹은 일요일과 법정 공휴일을 다른 날과 구별하기 쉽도록 빨간색으로 표기하는 것이 일반적이다.

빨간색 표기와 관련된 이야기는 더 있다. 인쇄기가 발명되기 전 필경 수도사는 종교적인 내용이나 교훈이 담긴 글을 필사해 책을 제작했다. 글과 함께 삽화도 그려넣고 공들여서 채

색도 했다. 사람이나 장면을 묘사한 삽화는 책을 꾸미기 위해 삽입된 것이었지만, 독자가 내용을 쉽게 이해하도록 안내하는 역할을 했다.

제목이나 단락의 개념이 없던 시대에는 새로운 절의 첫 단어의 첫 글자는 빨간색으로 표시했다. 중요한 날을 빨간색으로 표기했던 달력과 마찬가지로, 이 빨간 글자는 단락의 구분 없이 계속 이어지는 글에서 중요한 정보를 전달하며 독자의 이목을 집중시켰다. 이렇게 빨간색으로 강조한 부분을 '루브릭rubric'이라 한다. '빨간 망토' 또는 '빨간 석회암'을 의미하는 라틴어 '루브리카rubrica'에서 유래했다. 우리가 중요한 날에 빨간 동그라미를 치는 이유도 여기에서 기인한 것이지 싶다.

양철 나무꾼

MGM 영화사가 1939년 제작한 영화 '오즈의 마법사'에는 허수아비, 겁쟁이 사자, 양철 나무꾼이 등장한다. 어설프지만 사랑스러운 세 인물은 전지전능한 힘으로 도로시를 캔자스 집에 돌려보내 줄 유일한 인물, 오즈의 마법사를 찾아 함께 여정을 떠난다.

양철 나무꾼 역은 잭 헤일리Jack Haley가 맡았다. 그보다 먼저 양철 나무꾼 역에 캐스팅된 배우는 따로 있었다. 1960년대 히트작 '베벌리 힐빌리스The Beverly Hillbillies'라는 TV 프로그램에서 '제드 클램펫'역을 맡아 유명해진 버디 엡슨Buddy Ebsen이었다. 버디 엡슨은 4주 동안 진행되는 리허설에 참여하고, 노래

를 녹음하고, 양철 인간 분장을 한 뒤 영화 촬영에 들어갔다. 그러나 촬영을 시작한 지 9일 만에 엡슨은 심한 근육 경련과 호흡곤란 증세를 호소했다.

병원으로 이송된 그는 건강을 회복하기까지 14일이 걸렸다. 의사는 얼굴을 분장할 때 사용된 알루미늄 가루가 폐에 쌓여 병이 유발되었다고 밝혔다. 이를 안 엡슨은 영화에서 하차했고 잭 헤일리가 그 역할을 대신하게 되었다. 엡슨 사건을 반면교사 삼아 비교적 안전하게 은색 분장이 개선되어 잭 헤일리는 심한 부작용을 겪지 않았다고 한다.

25년이 흐른 뒤 여배우 셜리 이턴Shirley Eaton은 1964년에 개봉한 007시리즈 '골드핑거Goldfinger'에서 짧은 한 장면을 위해 금색 페인트를 몸에 칠했다. 당시에는 인간이 피부로도 호흡한다고 믿었으므로 이턴이 페인트 피해를 입지 않도록 최선의 조치를 취했다. 그럼에도 골드 핑거에 출연한 여배우가 피부 질식으로 사망했다는 소문이 떠돌았다.

2015년, 78세가 된 셜리 이턴은 '유에스 위클리Us Weekly'지의 특집 기사를 위해 다시 한번 몸에 금색 페인트를 바르고 나왔다. 건강하게 살아 있음을 보여주며 그간 무성했던 소문을 일순간 잠재워버린 것이다.

페인트는 유일한 자기만의 이름을 가진다

혹시 페인트 색상을 고르다가 색 이름에서 눈을 떼지 못한 경험이 있는가? 개인적으로 '양상추만 첨가Lettuce Alone(밝은 민트 그린)'와 '할머니의 냉장고Grandma's Refrigerator(황금색)'라는 이름을 좋아한다. 이런 이름들은 마케팅 수단이자 페인트의 효율적 관리에 이용된다. 그래서인지 페인트 색 연구자들은 자신의 작품을 창조하듯 매년 수백 가지의 새로운 이름을 고안해낸다. 정말 특이한 페인트 이름이 소비자의 마음을 움직이고 좋은 추억을 끌어낼 수 있을까? '할머니의 냉장고'라는 색을 보며 할머니와 함께한 행복한 시간을 떠올릴까? 추억이 담긴 이름이라면 부지불식간에 소비자의 감정을 충분히 자극할 수 있지 않을까"

소비자의 마음을 사기 위해 이름을 다양하게 짓는 것도 있지만, 페인트 색 이름이 다양한 이유는 업계의 관리지침이기도 하다. 페인트 업계에서는 색상 이름이 겹치는 것을 허용하지 않는다. 페인트 회사들은 매번 구상한 이름이 유일한 이름인지, 판권을 취득할 수 있는지를 확인하기 위해 현존하는 모든 페인트 색 이름이 담긴 데이터베이스를 확인한다. 페인트 색 이름이 날이 갈수록 새롭고 참신해지는 이유가 바로 여기에 있다.

도표는 '레몬옐로' 계열의 페인트를 나열한 목록이다. 모두 시장에서 실제로 판매되는 제품으로 그 이름은 세상에 유일한

단 한 가지 색상의 고유 명칭이다. 페인트 회사들이 가진 색상 목록에 레몬옐로와 비슷한 색상이 수없이 많아도 레몬옐로라고 부를 수 있는 페인트는 오직 하나뿐이다.

레몬필 Lemon Peel	레몬버스트 Lemon Burst
레몬웨지 Lemon Wedge	레몬위스프 Lemon Wisp
레몬슬라이스 Lemon Slice	레몬리프트 Lemon Lift
레몬타르트 Lemon Tart	레몬미믹 Lemon Mimic
레몬시폰 Lemon Chiffon	레몬옐로 Lemon Yellow
레몬시폰파이 Lemon Chiffon Pie	프레시레몬 Fresh Lemon
레몬머랭 Lemon Meringue	쿨레몬 Cool Lemon
레몬무스 Lemon Mousse	아이스드레몬 Iced Lemon
레몬젤라또 Lemon Gelato	워시드레몬 Washed Lemon
레몬소르베 Lemon Sorbet	비터레몬 Bitter Lemon
레몬파르페 Lemon Parfait	사워레몬 Sour Lemon
레몬펀치 Lemon Punch	러셔스레몬 Luscious Lemon
레몬드롭 Lemon Drop	클리어레몬 Clear Lemon
레몬아이스 Lemon Ice	브라이트레몬 Brite Lemon
레몬버터 Lemon Butter	다크레몬 Dark Lemon
레몬휩 Lemon Whip	민트레몬 Minted Lemon
레몬슈가 Lemon Sugar	그린레몬 Green Lemon
레몬타임 Lemon Thyme	라이미레몬 Limey Lemon
레몬페퍼 Lemon Pepper	레몬에이드 Lemonade
레몬트위스트 Lemon Twist	칠드레몬에이드 Chilled Lemonade
레몬스프리츠 Lemon Spritz	아이시레몬에이드 Icy Lemonade
레몬제스트 Lemon Zest	쿨레몬에이드 Cool Lemonade
레몬칠 Lemon Chill	프레시레몬에이드 Fresh Lemonade
레몬밤 Lemon Balm	레모니 Lemony
레몬듀 Lemon Dew	힌트오브레몬 Hint of Lemon
레몬로즈 Lemon Rose	리모네 Limone

먹이 때문에 몸의 색깔이 변했다고?

조카가 갓난아기였을 때 황달 증세를 보여 병원에 간 적 있었다. 눈의 흰자위와 눈 점막이 노란색으로 변하고 얼굴은 물론 손과 발도 노란빛을 띠고 있었다. 그런데 다행스럽게도 아이를 진료한 의사는 피부색이 노르스름한 원인이 고구마, 당근, 호박이 들어간 이유식을 주로 섭취했기 때문이라고 했다. 이런 세상에! 음식이 사람의 몸을 물들인 것이다.

홍학이 분홍색을 띠는 것도 같은 원리이다. 옅은 분홍색부터 선명한 주홍색 몸을 가진 홍학은 조류와 곤충의 유충, 패류, 새우 등 작은 먹이를 주식으로 삼는다. 이 독특한 식단이 홍학의 깃털색을 붉게 만드는 것이다. 먹이에 있는 베타카로틴beta-

carotene 성분이 소화되어 체내에서 흡수되면 깃털이 분홍색이나 주황색으로 변한다. 그중에서도 노란빛 또는 붉은빛 색소 카로티노이드 성분이 든 먹이를 많이 섭취하면 섭취할수록 깃털이 진한 분홍색을 띤다. 새끼일 때는 밝은 회색 깃털이지만 자라면서 분홍빛 깃털로 화려하게 변신하는 원인이 여기에 있다.

하얀색 웨딩드레스는 누가 처음 입었을까

웨딩드레스라는 말을 들으면 어떤 이미지가 떠오르는가? 아마도 '순수', '고결', '아름다움' 등 맑고 깨끗한 단어가 연상될 것이다. 순백의 우아하고 화사한 기품이 느껴지는 드레스는 웨딩드레스가 유일하지 않을까 싶다.

하얀색 웨딩드레스가 유행하기 시작한 때는 1840년이다. 영국 빅토리아 여왕이 사촌 알버트 대공Prince Albert과 결혼식을 올린 해이다. 빅토리아 여왕은 결혼식에 오렌지꽃 장식과 레이스가 달린 하얀색 공단 드레스를 입었다. 바닥에 끌리는 5.5미터의 긴 드레스 자락은 물론, 결혼식 날 착용한 신발도 흰색이었다. 사람들은 하얀 웨딩드레스를 입은 여왕의 모습에 열광했고, 오래지 않아 전 세계에 하얀 웨딩드레스 열풍이 불

었다. 이 열풍은 변함없이 이어져 오늘날까지도 결혼을 상징하는 드레스로 자리매김하고 있다.

왕실 결혼식이 열리고 몇 년 후 빅토리아 시대의 패션을 대변해주었던 《고디스 레이디스 북Godey's Lady's Book》에는 다음과 같은 글이 실렸다.

"아주 오래전부터 사람들은 흰색이 신부의 순수함과 순결함의 상징으로, 신랑에게 순종하겠다는, 때 묻지 않은 마음을 전달하는 색으로 가장 적합하다고 인식했다."

이 글을 페미니즘 관점에서 해석해보면 황당하다. 시대적 배경에 따른 풀이였다고 이해하고 넘어가야 할 부분이지만, 남성 우월의 시대에 여성의 삶이 보여 아쉬움은 남는다.

빅토리아 시대 이전 신부들은 결혼할 때 자신이 소유한 드레스 중 가장 좋은 드레스를 입었다. 재력을 과시하고 스타일은 강조했어도 색상을 부각시키진 않았다. 심지어 검은색 드레스를 입기도 했다. 검은색 드레스를 입으면 얼룩을 감출 수 있고 때가 타지 않아 다양한 상황에 맞춰 다시 입을 수 있었기 때문이다. 순수함과 신실함, 성모 마리아가 떠오르는 푸른색도 한때 드레스 색으로 인기가 많았다. 하지만 무엇도 흰색만큼 널리 유행하지는 못했다.

1800년대 후반까지는 직물을 표백하는 과정이 굉장히 까다로워 비용이 많이 들었다. 따라서 순백의 하얀 드레스는 일종의 부의 상징이었다. 그 시대의 흰색 웨딩드레스는 아이보리나 크림색에 좀 더 가까웠다.

결혼 예복인 웨딩드레스의 색으로 하얀색이 선호되지만 전통과 문화에 따라 달라지기도 한다. 인도와 중국에서는 웨딩드레스로 빨간색이 인기가 많다. 모로코에서는 노란 웨딩드레스, 이탈리아에서는 초록색 웨딩드레스, 에리트레아Eritrea에서는 보라색 웨딩드레스를 입은 신부의 모습을 볼 수 있다. 결혼이라는 성스러움에 가치를 더해준다면 어떤 색깔이든 무슨 상관이 있겠는가.

이색적인
해변의 색을 찾아서

해변은 사람들이 편히 쉬고 즐기는 휴식처이다. 일광욕을 하면서 부드러운 모래를 몸에 덮기도 하고 모래성이나 모래 작품을 만들며 흥미로운 시간을 보낸다. 그런데 이 낭만적인 해변은 어떻게 만들어질까? 해변마다 모래의 질감이 다르고 구성 물질이 다르다는 것을 아는가?

먼저 모래의 질감과 색깔은 해변에서 나오는 천연 물질에 의해 결정된다. 모래 해변은 탄산칼슘과 조개껍질, 바다 생물의 사체로 이루어져 있다. 그밖에 산호, 연체동물, 미생물도 모래를 이루는 성분이 된다. 이것들이 오랜 시간 날씨와 파도의 영향을 받아 마모되면서 해안가의 부드러운 카펫이 되는 것이다.

모래 해변이 밝은 크림색을 띠는 이유는 구성물들이 햇볕에 색이 탈색되기 때문이다. 그러나 이색적인 모래색이 관찰되는 해변도 있다. 카리브해, 그리스, 스페인의 몇몇 해변은 핑크빛 껍질의 유공충 때문에 불그스레한 핑크빛을 띤다. 동물이나 식물에도 속하지 않는 유공충은 다른 개체의 껍질 속에 사는 단세포 원생생물이다. 이들이 해변을 핑크빛으로 물들이며 신비로움을 드러내는 것이다.

검은 모래 해변을 찾는다면 하와이에 가보자. 화산 광물과 용암 파편으로 이루어진 검은 해변은 환상적인 자연의 섭리를 한눈에 볼 수 있다. 캘리포니아의 파이퍼 비치Pfeiffer Beach

는 유리 같은 석류석 입자가 만들어낸 독특한 색조의 보랏빛 모래를 구경할 수 있다. 노르웨이의 호르닌달스바트네Hornindalsvatnet 호수는 초록색 호숫가를 감상할 수 있는 몇 안 되는 장소이다. 철 성분 함유로 황록색을 띤 감람석 결정이 이 호수를 이토록 아름답게 만든다.

그런데 해변을 이루는 가장 특이한 물질은 하와이의 하얀 모래 해변에서 찾을 수 있다. 이 유명한 하얀 모래가 무엇으로 만들어졌는지 아는가? 놀랍게도 파랑비늘돔parrotfish의 배설물이다. 혹시라도 이 해변을 방문할 일이 있다면 집으로 가기 전에 꼭 샤워를 하고 가야 한다는 점을 명심하길 바란다.

시각적 효과를 노린 의자의 색

영화관 내부가 왜 빨간색인지 생각해본 적이 있는가? 진한 빨간색 좌석과 묵중한 커튼은 공간에 격조를 더하며 세련되게 만든다. 하지만 굳이 빨간 좌석을 배치한 데는 과학적 근거가 숨어 있다. 인간의 눈은 어두운 곳에서 짙은 빨간색을 잘 보지 못한다. 조명을 껐을 때 좌석이 빨간색이면 공간을 더 어둡게 만드는 효과를 낸다. 그로 인해 관람객은 스크린에 더욱 집중하게 된다.

강당이나 체육관, 경기장, 공연장처럼 조명의 영향을 덜 받는 장소에서는 다양한 색상의 좌석을 설치한다. 형형색색의 좌석이 더 활기차고 친근한 느낌을 불어넣기 때문이다. 설령

그 좌석이 비어 있더라도 색이 채우고 있어 표시가 덜 난다. 그래서인지 좌석 하나에 두 가지 색을 칠하는 시설도 있다. 사람의 시각효과에 색이 영향력을 발휘하는 것이다.

디자인과 색은 공간에 개성을 더해 분위기를 매력적으로 만든다. 다소 심심한 공공시설이 생동감 넘치는 공간으로 재탄생한 사례는 색을 잘 활용한 본보기이다.

PURPLE

보라

숭고한 대의

2018년 6월 10일, 스코트랜드 수도 에든버러 올드타운Edinburgh's Old Town에 백파이프 소리가 울려 퍼졌다. 수천 명의 시민이 여성의 참정권 획득 100주년을 기념하며 행진을 시작했다. 보라색, 초록색, 흰색 옷을 입은 수많은 인파를 이끌고 백파이프 연주자들은 천천히 앞으로 나아갔다.

지금으로부터 110여 년 전, 영국 런던에서도 에멀라인 팽크허스트Emmeline Pankhurst와 동료들이 여성 참정권 운동을 전개했다. 여성들이 투표권을 쟁취하고자 했던 열기는 수년간 뜨겁게 지속되었다. 하지만 때때로 조직 내 불협화음과 결집력 부족으로 그 여정이 순탄치만은 않았다. 1908년 〈여성에게 투표권을Vote for women〉이라는 주간지 편집자 에멀라인 페틱 로렌스Emmeline Pethick-Lawrence는 참정권 운동을 확대하기 위해 색깔을 적극적으로 활용했다. 그녀는 각각의 색을 정한 이유를 대중에게 설명했다.

"모두가 알다시피 보라색은 왕실을 상징하는 색입니다. 그런 의미에서 보라색은 모든 참정권 운동가들 속에 흐르는 고

귀한 피를 의미할 뿐만 아니라 자유와 존엄을 향한 본능을 나타냅니다. 흰색은 사생활에서든 사회에서든 결백한 삶을 살겠다는 의미이며, 봄의 상징인 초록색은 희망을 의미합니다."

이를 바탕으로 집회가 열리는 날, 3만 명 이상의 여성이 하이드 파크Hyde Park에 집결했고 공원 전체를 보라색, 초록색, 흰색으로 물들였다. 거리에는 세 가지 색으로 만든 플래카드, 리본, 스카프, 휘장이 넘쳐났다. 효과는 상당했다. 이후 보라, 초록, 흰색은 공식적으로 여성 참정권 운동을 상징하게 되었다.

1915년 같은 이유로 8천 명의 여성이 워싱턴 D.C.에서 행진을 벌였다. 플래카드에는 '헌법 개정을 통해 여성에게 참정권을 부여하라'는 문구가 적혀 있었다. 이 집회에 참여한 운동가들은 보라색과 금색 띠를 둘렀다. 영국으로부터 영향을 받아 보라색과 계몽을 상징하는 금색이었다. 색으로 참정권을 향한 미국 여성들의 열정을 드러낸 것이다.

역사를 돌이켜 보면 보라색은 수 세기 동안 황제, 사제, 치안판사, 전사와 같은 권력자가 독점한 색상이었다. 색의 의미도 야망, 품위, 독립을 뜻했다. 기독교에서는 보라색이 긍지를 나타낸다. 미국에서는 용기 있고 용감한 군인에게 '퍼플 하트Purple Heart' 훈장을 수여한다. 중국에서는 보라색이 불멸을 상징한다. 이처럼 보라색이 매우 고귀한 가치를 상징하기에 여성 운동가들이 대의명분을 이루기 위해 보라색을 사용한 것은 상당히 현명한 선택이었다.

1960년대 전미여성기구NOW와 같은 열정적인 조직이 생겨나자 미국에 두 번째 페미니즘 물결이 일었다. 1978년에는 10만 명의 여성이 워싱턴 D.C.에서 행진했다. 다시 한번 거리가 보라색, 금색, 흰색으로 물든 것이다. 현재 전미여성기구와 세계 여성의 날을 상징하는 로고에는 보라색이 들어가 있다.

보라색이 여성의 권익을 지지하는 운동의 대명사가 되기까지는 시위 현장의 역할이 컸다. 대신 어떤 로고나 휘장도 사용하지 않으며 흔한 구호조차 외치지 않는다. 오직 색깔 하나로 위대한 과업을 이루어냈다.

세계인을 사로잡은 천연색 곡물

최근 몇 년 동안 '유리보석 옥수수Glass Gem corn'라고 불리는 작물이 선풍적인 인기를 끌었다. 이 화려한 옥수수는 경립 옥수수의 일종으로 알갱이가 매우 독특하고 매혹적인 보석처럼 생겼다. 먹을 수는 있지만 달콤한 맛이 덜해 밀가루나 팝콘을 만드는 데 사용된다.

'흰 독수리'라는 별명을 가진 칼 반스Carl Barnes는 체로키 인디언의 혈통을 물려받은 오클라호마Oklahoma 출신 농부이다. 그는 수백여 종의 희귀한 옥수수 품종을 수집하고 보존하는 일에 평생을 바쳤다. 처음에는 아메리카 원주민 부족으로부터 아주 오래된 씨앗을 수집하며 화려한 색을 가진 옥수수 품

종에 관심이 생겼다. 특별히 포니족Pawnee의 미니어처 옥수수, 오세이지족Osage의 붉은 연립종 옥수수와 그레이호스 옥수수에 매료되었다. 이 종자들이 가진 색과 특성을 연구하며 교배하는 과정에서 유리 보석 옥수수를 탄생시켰다.

세계인의 마음을 사로잡은 이 옥수수는 2010년부터 애리조나 투손Tucson, Arizona에 기반을 둔 비영리 보호 단체, '토종 종자/찾기Native Seeds/SEARCH'를 통해 누구나 쉽게 구할 수 있다. 이 단체의 웹사이트는 유리보석 옥수수를 다음과 같이 매우 흥미롭게 설명하고 있다.

"눈을 의심할 정도로 아름다운 유리보석 옥수수는 전 세계에서 꾸준히 사랑받고 있습니다. 칼 반스가 개발한 형형색색의 옥수수는 세계 종자 보존의 부활을 위한 신호탄이자 영감을 주는 상징입니다."

풋볼팀 로고가 없는 클리블랜드 브라운스

풋볼팀의 헬멧에는 독수리, 버팔로, 말굽 편자, 별, 바이킹 등의 상징적 로고가 새겨져 있다. 하지만 미국 프로 풋볼리그 NFL팀 중 아메리칸 풋볼 컨퍼런스AFC의 북부소속 클리블랜드 브라운스Cleveland Browns는 로고가 없다. 그 어떤 문양이나 표식, 글자조차 새기지 않은 오렌지색 헬멧을 쓰고 경기에 임한다. 지역 연고제를 따르는 프로 팀이 어떻게 팀을 상징하는 로고가 없을 수 있을까? 그럼 왜 오렌지색이 이 팀을 대표하게 되었을까?

35년 동안 클리블랜드 브라운스는 전설적인 복싱 선수 조 루이스Joe Louis의 '갈색 폭격기'라는 별명을 따서 팀 이름을 지었다고 홍보했다. 승자의 이미지를 구축하려던 회사 상황과

1937년부터 1949년까지 세계 헤비급 복싱 챔피언이었던 조 루이스가 잘 맞았기 때문이다.

하지만 이 일화는 완전히 꾸며낸 이야기로 밝혀졌다. 진실은 팀의 첫 번째 코치였던 폴 브라운Paul Brown의 이름을 따서 지은 것이었다. 구단주였던 미키 맥브라이드Mickey McBride는 팬 공모전에서 선정된 '클리블랜드 팬서스'라는 팀 이름을 받아들이지 않고, 돌연 코치의 이름을 따서 팀명을 결정해버렸다. 정작 당사자인 폴 브라운은 엉뚱한 결정이 굉장히 부담스러워 '갈색 폭격기' 이야기를 만들어냈다고 한다. 이런 황당한 일화만 봐도 왜 클리블랜드 브라운스에 왜 로고가 없는지 알 것 같다. 만약 이 엉뚱하고 즉흥적인 구단주가 헬멧의 로고를 골랐다면 어떤 문양일지 궁금해진다.

청소 새우와 물고기의 공생

우리는 차가 더러워지면 세차장에 맡긴다. 집이 더러워지면 청소를 하고 몸이 더러워지면 샤워를 한다. 그런 것처럼 동물들도 나름 자기들만의 방식으로 몸의 청결을 유지한다. 그렇다면 바닷속 생태에서는 어떻게 깨끗함을 유지할까?

물고기들은 '청소 새우*Lysmata debelius*'를 찾아간다. 선명한 빨간색에 도드라진 흰색 물방울무늬를 가진 이 청소부는 흰 다리 세 쌍과 흰 더듬이 여섯 개를 자랑한다. 산호초 사이에 가게를 차리고 먼저 온 손님이 끝날 때까지 끈기 있게 기다리는 물고기에게 청소 서비스를 제공한다. 빨간 청소 새우는 고객의 표면에서 떼어낸 물질을 섭취함으로써 영양분을 공급받고 물

고기는 기생충과 죽은 조직을 떼어냄으로써 깨끗해진다. 그야말로 최고의 공생관계라 할 수 있다.

연구에 따르면 빨간 청소 새우와 물고기 사이에는 특별한 신호가 오간다고 한다. 새우는 영업 시작을 물고기에게 알려주기 위해서 더듬이를 흔들고, 물고기는 청소 받을 의사가 있음을 알리기 위해 몸을 더 어둡게 만든다. 혹시나 청소 새우를 만나지 못해 목욕 시기를 놓칠까 염려하지 마라. 청소 새우의 몸은 선명한 빨간색으로 언제 어디에서나 눈에 잘 띄어 바닷속 물고기들이 쉽게 찾을 수 있다. 역시 고객의 관심을 끄는 데는 빨간색만한 게 없는 것 같다.

색의 어원 3

오베르진_aubergine

oh-ber-jeen / 프랑스어 / 1794년

프랑스어로 오베르진(aubergine)은 '가지'를 뜻한다. 어원은 보라색과 관련이 있다. 복숭아를 의미하는 스페인어 '알베르헤(alberge)'로부터 유래한 프랑스어 '오베르주(auberge)'의 파생어이다. 영어로 가지를 'eggplant'라고 부르는 이유는 하얀색 품종의 가지가 달걀과 비슷하게 생겨서이다.

마젠타_magenta

muh-jen-tuh / 이탈리아어 / 1857년

마젠타는 이탈리아 북부에 있는 도시 이름이다. 1859년 이탈리아 통일 전쟁에서 사르데냐 왕국군과 오스트리아 군대가 마젠타 전투(Battle of Magenta)를 벌였다. 잔혹한 전쟁의 결과 이탈리아 왕국군이 오스트리아 군대를 물리쳤지만 무려 7천 명의 사상자가 발생했다. 이들은 전쟁의 아픔을 간직한 채 모두 한 공동묘지에 안치되었다. 그 이후 보랏빛을 내는 분홍색 염료가 개발되었는데, 마젠타 전투에서 이탈리아의 승리를 기념하기 위해 염료에 '마젠타'라는 이름을 붙였다.

샤르트뢰즈 _chartreuse

shahr-trooz / 프랑스어 / 1865-1870년

연녹빛을 띤 샤르트뢰즈(Chartreuse)는 1737년부터 지금까지 프랑스의 카르투시오(Carthusian) 수도사들이 만드는 술을 의미한다. 이 술은 130여 가지 꽃과 식물, 허브로 만들어진다. 샤르트뢰즈는 프랑스 그르노블(Grenoble)에 있는 카르투시오회 모수도원 '그랜드 샤르트뢰즈(Grande Chartreuse)'에서 파생된 단어이다. 그리고 이는 가톨릭 봉쇄수도원인 '카르투시오회 수도원'을 의미한다. 1884년부터 '샤르트뢰즈'라는 단어가 고유한 색상을 나타내는 말로 널리 사용되기 시작했다.

콜로라도_colorado

kol-uh-rad-oh / 스페인어 / 1861년

미국 콜로라도주는 '콜로라도강'이라는 뜻의 스페인어 리오콜로라도(Rio Colorado)에서 유래되었다. 문자 그대로 번역하면 '불그스름한 강'이라는 의미이다. 리오콜로라도강이 붉은빛을 띠었던 이유는 콜로라도산에 매장되어 있는 철광석이 강 몇몇 구간을 빨갛게 물들였기 때문이다.

마음에 새겨진 잉크

학창시절 선생님으로부터 시험지나 과제물을 돌려받을 때의 기분은 어땠는가? 아마도 누구나 성적이 얼마나 나왔을지 떨리는 심정으로 받아들었을 것이다. 그리고 과제물의 여백을 가득 채운 선생님의 첨삭에 상당히 스트레스를 받기도 했다. 아무리 좋은 말이라도 왠지 모르게 부끄럽고 창피해 붉은 선생님 글씨만 봐도 떨렸다. 그런데 최근 흥미로운 연구 결과가 발표되었다. 이런 상황에서 불편한 감정을 느끼는 이유가 선생님이 쓴 펜의 색깔 때문이라고 한다.

콜로라도대학the University of Colorado 소속 사회학자들의 연구에 따르면, 빨간색 잉크는 경고, 분노, 주의注意, 당혹감과 같

은 단어와 연관된다. 빨간색 펜을 사용하면 학생을 위축시킬 뿐 아니라 선생님과 학생의 관계에 좋지 않은 영향을 줄 수 있다고 한다. 이러한 연구 결과가 나오자 미국과 영국의 몇몇 학교는 채점하거나 성적을 매길 때 빨간색 잉크 사용을 금지하고 덜 자극적인 색을 사용하도록 권고했다. 이에 긍정적인 느낌을 주는 초록색이 대안으로 떠올랐다.

물론, 모든 전문가가 이 연구 결과에 동의하는 것은 아니다. 더 많은 연구가 필요하다고 주장하며 빨간 잉크를 부정적으로만 보지 말라고 당부한다. 그럼에도 정신 건강 전문 웹사이트 사이키센트럴PsychCentral의 정신 건강 전문가 존 그로홀John

Grohol은 "빨간색 잉크를 사용하는 게 조금이라도 꺼림칙하다면 시험지를 빨간색으로 도배하고 싶은 마음이 들어도 잠시 그런 마음을 내려놓고 평범한 색으로 채점하는 게 좋지 않을까요? 빨간색으로 채점했다가 괜한 언쟁을 하고 싶지 않다면 다른 색을 선택하는 게 안전한 방법일 겁니다."라고 말했다. 빨간색이 주는 당혹스러움을 간접적으로 인정한 셈이다.

미술관에 전시된 무지개 깃발

뉴욕현대미술관MoMA의 영구 디자인 컬렉션permanent design collection에 전시된다는 건 그 시대를 대표하는 아이콘이라는 의미이다. 실제로 용수철 장난감 슬링키Slinky, 폭스바겐 비틀Volkswagen Beetle, 아이맥iMac, 아이러브뉴욕 로고I Love New York logo 등이 선정 전시되어 있다. 2015년에는 성소수자 커뮤니티를 상징하는 무지개 깃발이 전시되었다.

1960년대 미국 전역의 대학 캠퍼스에서 세계 평화를 기리는 행진이 벌어졌다. 이때의 깃발은 전 세계인의 피부색을 나타내는 빨간색, 흰색, 갈색, 노란색, 검은색의 5가지 색 가로줄 무늬로 이루어져 있다. 여기에서 착안된 무지개 깃발은 1970

삶 LIFE

치유 HEALING

햇살 SUNLIGHT

자연 NATURE

화합 HARMONY

정신 SPIRIT

년대에 등장한 이후 몇 번의 변화를 거듭했다.

예술가 길버트 베이커Gilbert Baker가 디자인한 무지개 깃발은 1978년 샌프란시스코에서 열린 '게이 프리덤 데이 퍼레이드Gay Freedom Day Parade'에서 처음 선보였다. 원래는 8개의 줄무늬였는데 이후 '성정체성'을 나타내는 핑크색이 추가되었다. 파란색은 '마법과 예술'을 상징하는 청록색과 '평온'을 상징하는 남색을 대체했다.

세월이 지나면서 다른 색이 깃발에 추가되기도 했다. 잠깐이지만 에이즈의 위험성을 알리기 위해 검은색이 추가된 적도 있다. 평화와 순수를 나타내기 위해 흰색 줄무늬가 삽입된 깃발도 있었다. 2017년, 필라델피아Philadelphia에서 선보인 깃발에는 아프리카계와 라틴계 사람들을 존중하는 의미로 본래 여섯 줄무늬에 검은색과 갈색이 추가되었다. 때때로 연보라색이 추가될 때도 있는데 이는 다양성을 나타내기 위함이다.

뉴욕현대미술관 컬렉션에 올린 깃발은 국제적으로 공인된 여섯 줄무늬 깃발이다. 영향력 있는 메시지를 색으로 전달할 수 있다는 사실이 증명되는 자료이다.

카푸친 수도사들이 남긴 색

수도복은 수도사들에 대해 많은 것을 말해준다. 옷의 재질과 장식의 정도, 옷이 풍기는 이미지와 색에서 가톨릭교회 내 성직자의 역할 또는 위계를 구분할 수 있다. 본래 수도복은 기능적이면서도 절제된 디자인의 수수한 옷이었다. 가톨릭교회 소속 '카푸친작은형제회Order of Friars Minor Capuchin'의 수도복도 예외가 아니다.

수도복의 기원은 1500년대로 성 프란치스코의 가르침대로 살고자 프란치스코 수도회를 나온 카푸친 수도사The Capuchin friars에서 비롯된다. 이들로 구성된 '카푸친작은형제회'는 지역 주민으로부터 갈색 천을 기부받아 수도복을 제작했다. 카푸친

수도사들은 더러운 바닥에서 자는 것도 마다하지 않았는데, 흙색과 비슷한 수도복 색깔 덕분에 더러움을 어느 정도 가릴 수 있었다. 등까지 내려오는 길고 끝이 뾰족한 '카푸치capuches' 두건은 멀리서도 카푸친 수도사를 알아볼 수 있게 했다.

이 특이한 갈색 두건은 수도회뿐만 아니라 다른 데에도 영향을 주었다. 갈색 모자를 쓴 것처럼 보이는 원숭이를 '카푸친 원숭이capuchin monkey'라고 부른다. 우유를 넣은 에스프레소의 모습이 카푸친 수도사들이 입는 수도복의 색깔과 비슷하다 하여 '카푸치노'라는 말이 유래했다. 소박한 생활을 했던 이탈리아 신앙 공동체의 의복이, 상위계층이 즐기던 커피하우스coffeehouse의 음료의 이름에 영향을 주었다니 그 흐름이 역설적인 것 같다.

혁명의 빨강색
중국을 대표하다

빨간색은 중국의 역사에서 강력한 영향력을 행사했다. 초기 황제들은 오행설五行說을 따랐으며 각각의 요소에 색을 부여해 왕조를 진흥시키기 데 활용했다. 빨간색은 '화火'에 해당하며 따뜻함, 공격성, 열정, 기쁨을 상징한다.

마오쩌둥에게 빨간색은 대의를 위해 흘린 피를 상징하는 공산 혁명의 색이었다. 1949년에 중국은 빨간색 바탕에 노란 별이 있는 오성홍기를 국기로 채택했다. 이때부터 빨간색이 중국(인민과 중국공산당)을 대표하는 색이 되었다.

마오쩌둥 어록은 1964년 처음 출간되었다. 강렬한 빨간색 표지로 유명한 이 책은 32가지의 다양한 크기로 출판되었다.

그중 주머니에 들어가는 크기가 가장 인기 있었다고 한다. 이 책의 공식 이름은 《마오주석어록the little red book》이다.

마오쩌둥 어록은 1935년부터 1976년 사망 직전까지 중국 공산당 주석으로 한 연설문과 저서의 핵심 부분을 발췌한 내용이다. 계급투쟁, 전쟁과 평화, 애국심, 군대와 인민과의 관계 등 다양한 주제가 담겨 있다. 중국 인민들은 모두 이 어록을 의무적으로 휴대해야 했다. 사회 및 정치적으로 문제가 많았던 문화혁명(1966-1976) 동안 목숨을 부지하기 위해 인민들은 이 책을 소지했다. 그 시기에만 10억 부 이상 제작되었을 것으로 추정된다.

색마다 다른 우아함이 깃든 튤립

매년 봄이면 눈을 뗄 수 없는 형형색색의 튤립이 네덜란드 전역에 카펫처럼 깔린다. 네덜란드는 매년 90억 송이 이상을 재배하는데 튤립이 차지하는 면적만 120㎢ 정도이다. 미국 맨해튼의 두 배에 해당할 만큼 면적이 넓다. 튤립은 줄기를 잘라도 잘 자라는 특성이 있어 먼 거리까지 안정적으로 수송할 수 있다. 네덜란드는 매년 검은색 튤립을 포함해 온갖 색깔의 튤립을 수출한다.

튤립의 색은 다양한 감정과 정서를 의미하고 있다. 빨간색은 사랑, 흰색은 용서, 주황색은 행복, 노란색은 희망, 분홍색은 자신감을 나타낸다. 다만, 같은 색이라도 품종에 따라 그 의

미가 달라진다고 한다. 꽃에 따라서 미묘한 차이가 존재하는 것이다.

믿기 어렵겠지만 튤립의 원산지는 네덜란드가 아니고 터키이다. 튤립은 오스만 제국 시기에 유럽에 처음 소개되었고, 1593년 '튤립의 아버지'라 불리는 네덜란드의 식물학자 클루시우스에 의해 널리 퍼져나갔다. '튤립'이라는 단어는 꽃의 생김새가 남성이 쓰는 머리 장식과 닮아 '두건'이라는 페르시아 말에서 유래되었다.

튤립은 그 당시 세계에서 가장 부유한 나라이자 꽃을 좋아하던 네덜란드인의 사랑을 한몸에 받았다. 비싼 사치품이 되어 마치 귀족과 부유층의 전유물로 인식되었을 정도이다. 한 때는 바이러스에 감염된 변종 튤립을 수집가들이 비싼 값에 사들이면서 튤립 투기 열풍이 불기도 했다. 1637년, 튤립의 인기는 하늘 높은 줄 모르고 치솟았다. 당시 매우 높은 수요 때문에 터무니없는 액수의 돈을 내고 튤립 구근을 구매해야만 했다. 기록상 가장 비싼 가격에 팔린 튤립 구근은 '셈페르 아우구스투스Semper Augustu'인데, 1만 길더로 당시 암스테르담 운하 옆 부유층이 사는 대저택과 맞먹는 가격이었다고 한다.

튤립은 여전히 많은 사람들로부터 사랑받는 꽃이다. 한 번쯤 끝없이 피어 있는 튤립 꽃밭의 우아함을 경험해보자. 이른 봄 연둣빛 잎을 올리는 튤립을 보면 그 고결함에 경외감마저 든다.

분홍이 폭력을 잠재운다고?

1979년, 아이오아대학 소속 풋볼팀 호크아이Hawkeye에 수석 코치로 부임한 헤이든 프라이Hayden Fry는 원정팀의 탈의실을 분홍색으로 바꿔버렸다. 분홍색이 사람을 수동적으로 만든다는 이론을 들은 프라이는 상대팀 선수들이 경기 전에 심리적으로 기운이 빠지고 무기력해지기를 바랐다.

2005년, 키닉 경기장을 보수할 당시에도 대학 측은 상대팀이 머무르는 탈의실을 분홍색 그대로 두었다. 더 나아가 경기장 안 개수대, 소변기, 사물함마저 분홍색으로 바꿨다. 이런 전략이 타당한 것인지 누군가 의문이 제기했을 때, 대학 측은 '이전부터 이어져 온 전통을 따랐을 뿐이고 보기 좋아서 한 것'이라는 입장을 내놓았다.

물론 많은 사람이 이 생각에 동의하지 않는다. 전 아이오아 대학 교수이자 미네소타 변호사인 질 골딩Jill Gaulding은 "여성적인 것이 불리한 결과를 낳는다는 이미지를 조장하는 행위는 옳지 않습니다. 이런 맥락에서 분홍색 탈의실을 만든 것은 잘못이라고 생각합니다."라고 말했다. 그녀를 포함하여 많은 사람이 이 탈의실의 존재 자체가 남녀 차별 및 동성애 혐오를 드러내는 것이라고 여긴다.

1979년, 분홍색이 공격적인 행동을 눈에 띄게 억제하는 효과가 있다는 주장이 제기되었다. 분홍색 감옥이 재소자에게 어떤 영향을 미치는지 연구한 시애틀 해군 교도소에 의해 개발되었는데 '베이커 밀러 핑크Baker-Miller pink'라는 색이다. 당시 교도관이었던 베이커Baker와 밀러Miller의 이름에서 색이름을 따왔다. 이후 후속 보고서는 "아직 연구 초기 단계에 불과하지만 1979년 3월 1일 이후 지금까지 돌발 상황이나 공격적인 행동이 전혀 나타나지 않고 있다."라고 진술했다.

그럼에도 베이커 밀러 핑크는 감방, 정신병동, 청소년 클리닉, 유치장 등 여러 공간에 활용되고 있다. 후속 연구에 의하면 분홍색의 진정 효과는 고작 15분에서 30분 정도라고 한다. 이를 증명이라도 하듯 애리조나주Arizona의 '마리코파 카운티 교도소The Maricopa County Jail'의 분홍 감방은 재소자들이 분홍 감방에서 눈에 띄게 공격적인 모습을 보였다. 교도소 측은 이내 다른 대안을 도입했다. 감방을 다른 색으로 칠하는 대신 재소자들에게 분홍색 속옷을 입게 한 것이다. 재소자들의 폭력성을 감소시킬 수 있다면 아주 작은 요소라도 놓치지 않겠다는 분투로 보인다.

풍자를 실어 보내는 보라색 글

단어 'purple prose(보라색 글-옮긴이)'는 온라인 사전 Dictionary.com에 '어떤 목적을 이루기 위해 과장되고 그럴듯한 표현을 써서 독자들의 동정심을 유발해 관심을 끌려는 글'이라고 정의되어 있다. 신비로운 보라색이 '글'에 입혀졌을 뿐인데 왜 이런 의미로 변화되었을까?

보라색 염료 이야기는 고대로 거슬러 올라간다. 보랏빛 염료는 지중해에 서식하는 고둥의 분비물에서 얻었다. 약 28g의 염료를 만들기 위해 무려 25만 마리에 달하는 고둥을 채집해야 했다. 생산 과정도 매우 까다로운 탓에 공급이 수요를 따라가지 못했고 이로 인해 수백 년 동안 매우 비싼 가격에 거래되었다.

보라 염료는 어디서나 만들어낼 수 있는 색이 아니었다. 레바논 남부 해양 도시 티레Tyre가 염료의 주생산지로 기원전 12세기 무렵 페니키아 지중해 무역의 중심지였다. 티레에서 생산된 보라 염료는 귀하고 고급스러운 이미지로 큰 각광을 받았다. 그리고 티레의 이름을 딴 '티리언 퍼플Tyrian purple'로 불리게 되었다.

1900년대 초 합성염료가 등장하기 전까지는 왕족과 부자만이 티리언 퍼플로 염색한 옷을 입을 수 있었다. 자연스레 보라색 옷은 화려함과 호화를 상징하는 대명사가 되었다. 따라서 보라색을 걸치기만 해도 자신의 남다른 신분이나 명예, 권위,

권력을 나타냈다. 이른바 선망받는 색이 된 셈이다. 그런 의미로 과시용 글이나 화려한 글귀를 퍼플 프로즈purple prose, 퍼플 패치purple patch, 퍼플 패시지purple passage'라고 일컫는다.

GREEN

녹색

불편한 진실

색은 어떤 상황이나 상태를 나타낼 목적으로 사용되는 경우가 많다.
빨간색은 위태로운 철도 건널목, 산불 위험, 테러리스트의 위협 등을
경고하는 데 사용된다. 레이싱 경주로에서 노란색 깃발은
선수에게 사고 또는 위험 상황을 알려준다.

동물의 경우는 어떨까? 개구리의 밝은 피부색과 스컹크의 선명한 줄무늬 색은 자신이 위험한 존재라는 것을 다른 포식자에게 경고하는 기능을 한다. 그런데 그동안 우리에게 위험을 알려주는 도구였던 색깔이 오히려 우리를 위험에 빠뜨린 적은 없는가?

1820년부터 1870년까지 빅토리아 시대 사람들은 유례가 없을 만큼 자연에 심취해 있었다. 린 바버Lynn Barber는 자신의 저서 《박물학의 황금시대The Heyday of Natural History》에서 다음과 같이 언급했다.

"19세기 중반까지 중산층 거실에는 수조, 양치식물 수집함,

나비 박제 보관함, 해조류 모음집, 조개 수집함 등 박물학과 관련된 흔적이 가득했다."

당시 사람들은 자기 소장품을 늘리기 위해 시골과 해안가를 뒤지고 다녔다. 실내 장식가들은 자연에서 영감을 얻은 디자인을 시장에 내놓았다. 고리버들 의자나 주철로 된 테이블 다리에 자연 문양을 새겨넣기도 하고 흩날리는 꽃잎과 초목이 어우러진 아름다운 무늬를 이루는 가구 덮개와 카펫을 제작했다. 벽지에도 온갖 종류의 꽃무늬 패턴이 등장해 인기를 끌었다.

벽지에는 자연의 느낌을 생생하게 전해주는 초록색 계통이 주로 사용되었다. 마치 새로 자란 이끼나 공작고사리, 볏과에 속한 여러해살이풀 마시그라스marsh grass를 보는 듯했다. 그야말로 집 안에 자연을 들인 형국이었다.

자연의 색상을 구현해내는 제조업자들은 여러 가지 염료와 재료를 사용해 실험을 거듭했다. 좀 더 새롭고 매혹적인 초록색을 만들어 경쟁에서 지지 않기 위해 끈질기게 노력했다. 사람들이 가장 탐내는 초록색은 '셸레 그린Scheele's Green'이었다. 산뜻한 느낌을 주는 이 호화로운 색은 거실, 주방, 심지어 욕실까지 생명을 불어넣었다.

셸레 그린의 인기가 높아지면서 부유층에 특이한 일이 벌어졌다. 사람들이 아프기 시작한 것이다. 처음에는 그 원인을 알 수 없었지만 한 내과의가 강한 의지로 끈질기게 조사한 결과, 원인이 벽지에 있음이 밝혀졌다. 특히 초록색 솜털무늬벽지flock wallpaper가 문제였다. 벨벳 질감을 내기 위해 폐기된 모직물로 만든 분말을 붙인 것이다.

이후, 셸레 그린에 비소의 함량이 엄청났다는 것도 밝혀졌다. 공기 중 색소 분말과 유독 가스에 노출되어 사람들 생명을 위태롭게 한 것이다. 노인층과 아이들은 독성에 특히 취약했다. 더욱 충격적인 사실은 영국 제조업자들이 비소의 위험을 알면서도 모른 척했다는 사실이다. 셸레 그린이 최고 유행 상품이 되면서 제조업자가 벌어들이는 돈 때문이었다. 희생자가 속출하고 사회적 문제로 대두되면서 결국, 벽지회사는 벨벳 벽지의 독성으로 사람들이 사망에 이르렀다는 사실을 고백했다.

비소의 위험성이 알려지자 여러 상품에서 비소를 제거해야 한다는 주장이 나왔다. 이 치명적인 성분은 벽지 외에도 녹색 유리잔, 녹색 페인트, 심지어 녹색 드레스에서도 발견되었다.

빅토리아 시대는 과학 분야에서 수많은 발견을 통해 점성학, 물리학, 의학의 눈부신 발전을 이루었다. 위대한 동식물학자 찰스 다윈이 과학적으로 진화 이론의 초석을 만든 시기이기도 하다. 이 시대 사람들은 자연을 탐구하면서 더 넓은 세계를 이해하고 이론을 정립하는 데 진심을 다했다. 그러나 삶을 풍요롭게 만들어줄 것이라 기대하고 좀 더 자연을 닮은 색을 추구한 인간의 욕심으로 아름다운 킬러가 되었다. 이는 누구 탓일까?

세상에서 가장 불쾌한 색

2012년 호주 정부의 담배 포장에 대한 새로운 지침으로 담뱃갑 겉면에 흡연으로 병든 잇몸과 폐암에 걸린 환자의 폐 사진이 실렸다. 그리고 포장색은 흡연자들이 가장 혐오감을 느낄 만한 칙칙하고 우중충한 암녹색, 팬톤 448C 색상이었다. 사람들은 이 포장의 색을 '세상에서 가장 불쾌한 색'이라고 부른다.

현재 호주 담배의 25%는 크기에 상관없이 팬톤 448C 색으로 포장되고 있다. 호주 정부는 담배 포장 정책을 시행한 이후 흡연자 수가 11만 8천 명가량 줄었다고 한다. 포장을 팬톤 448C로 바꾼 일이 흡연자 수 감소에 실질적 영향을 주었는지

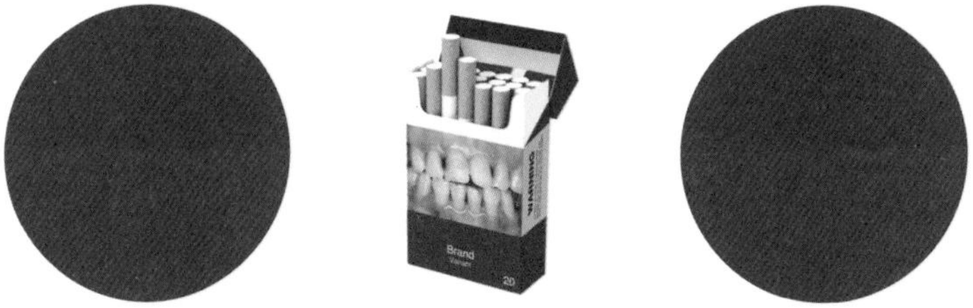

는 알 수 없지만, 결코 호감을 주는 색이 아니라는 건 분명하다. 사람은 탁한 색을 보면 '더러움, 담배 타르, 죽음' 같은 단어를 떠올린다.

이에 대해 팬톤 색상 연구소 전문가는 '세상에서 가장 불쾌한 색'이란 없으며 '세상에서 가장 아름다운 색' 또한 없다고 언급했다. 아름다운 색은 각자가 정하는 것이다. 색의 아름다움이란 보는 사람의 시각에 따라 달라진다.

빨간눈청개구리,
화려함으로 약점을 가리다

빨간눈청개구리는 몸의 최대 길이가 약 7cm 정도로 작지만, 화려한 외모로 자신의 약점을 보완한다. 그래서 툭 튀어나온 붉은색 눈, 밝은 주황빛 물갈퀴, 푸른색과 노란색이 어우러진 밝은 초록빛 몸체는 위풍당당하다.

빨간눈청개구리는 야행성이다. 낮에는 나뭇잎 아래에서 잠을 자며 화려한 색깔을 감쪽같이 숨긴다. 위협을 느낄 때는 빨간 눈을 불룩하게 만들고 느닷없이 펄쩍 뛰어올라 상대의 혼을 쏙 빼놓는다. 안전한 곳으로 도망가기 위한 작전이다. 몸 색깔을 이용해 상대를 깜짝 놀라게 한 뒤 순간적으로 몸 색깔을 흐릿하게 만든 다음, 빠르게 도망간다.

중앙아메리카와 남아메리카 열대 우림에서 서식하며 평균 수명은 5년 정도이다. 애완동물로 키우기 좋아 북아메리카에서 인기가 높다. 물론 집에서 함께 지낸다면 개구리가 놀라지 않도록 항상 조심해야 한다. 그렇지 않으면 어느 순간 전기에 감전된 것처럼 놀랄 일이 생긴다.

색에 정보를 담으면

빵 봉지를 밀폐할 때 사용하는 플라스틱 클립의 색깔은 암호와 같다. 일반적으로 클립의 색은 그림에서 보는 것처럼 빵을 구운 요일을 의미한다. 월요일-파란색(B), 화요일-초록색(G), 목요일-빨간색(R), 금요일-흰색(W), 토요일 노란색(Y)이다. 제빵 관리자는 빵클립의 색깔만 보고도 오래된 빵을 쉽게 구분하여 빼낼 수 있었다. 처음에는 재고를 쉽게 정리하려고 만든 시스템이지만 소비자들도 이를 알고 유용하게 활용하게 되었다. 클립의 색깔이 의미하는 바를 알고 빵이 언제 구워졌으며, 얼마나 신선한지 알 수 있기 때문이다. 수요일과 일요일이 빠진 이유는 유통업체가 주5일 근무체제를 유지하기 때문이다.

안타깝게도 요즘은 모든 제빵업체가 동일한 색깔 방식을 따르지는 않는다. 어떤 업체는 독자적으로 색을 정하고 어떤 업체는 한 가지 색으로만 빵을 포장한다. 그래서 이제는 소비자가 빵 클립을 보고 어느 요일에 빵이 생산되었는지 짐작할 수 없다. 처음부터 빵 클립에 소비자를 위한 배려는 없었던 것이다.

MONDAY
TUESDAY
THURSDAY
FRIDAY
SATURDAY
MONDAY
TUESDAY
THURSDAY
FRIDAY
SATURDAY
MONDAY
TUESDAY
THURSDAY
FRIDAY
SATURDAY
MONDAY
TUESDAY
THURSDAY
FRIDAY
SATURDAY
MONDAY
TUESDAY
THURSDAY
FRIDAY
SATURDAY
MONDAY
TUESDAY
THURSDAY
FRIDAY
SATURDAY
MONDAY
TUESDAY
THURSDAY
FRIDAY
SATURDAY
MONDAY
TUESDAY
THURSDAY
FRIDAY
SATURDAY
MONDAY
TUESDAY
THURSDAY
FRIDAY
SATURDAY
MONDAY
TUESDAY
THURSDAY

새로운 검정이 나타났다

2014년 영국에서 새로운 검은색 물질 '반타블랙Vantablack'이 개발되었다. '반타블랙Vantablack'은 가시광선을 99.96%까지 흡수해 기존에 알던 것과는 차원이 다른 검은색을 만들어 낸다. 그 비밀은 얇은 막대나 빨대처럼 생긴 탄소 나노튜브carbon nanotube에 있다. 이 도료를 물체의 표면에 칠하면 사람 머리카락의 1만분의 1의 굵기의 미세한 '탄소나노튜브Carbon Nanotubes'가 규칙적으로 자라나면서 아주 빽빽한 나노튜브 숲을 형성한다.

그 숲을 이루는 탄소나노튜브 기둥들 사이에 빛이 들어가면 핀볼 게임의 구슬처럼 이리저리 튕겨진다. 빛은 수 없는 반사

과정에서 열의 형태로 에너지를 잃어버리고 결국 빠져나오지 못한 채로 그 속에 갇혀버린다. 그리하여 빛에 의해 생기는 입체감을 잃고 만다. 그래서일까. 반타블랙은 '가장 순수한 검은색', '인간이 만든 블랙홀'로도 불린다.

2016년 인도 출신의 영국 예술가 애니시 커푸어Anish Kapoor가 반타블랙의 독점권을 사들였다. 이로 인해 반타블랙을 작품에 쓰지 못하게 된 많은 예술가는 분노했으며, 사회적 공분을 샀다. 하지만 커푸어는 반타블랙으로 포르투갈 세할베스 미술관Serralves Museum에 전시된 '림보로의 하강Descent into Limbo'으로 명명된 설치미술 작품을 첫 번째로 만들었다. 육안으로 보면 바닥의 검은색 원으로 완전 평면처럼 보이지만 사실은 반타블랙을 바른 2.5m 깊이의 구멍이다. 무한한 어둠의 공간을 창조한 표현으로 깊이를 알 수 없는 어둠을 상징화한 것이다. 작품 옆에 주의 표시가 있고 안내 직원이 있었음에도 60대 관람객이 호기심을 이기지 못하고 다가갔다가 깊은 구멍으로 떨어졌다. 다행히 별다른 외상은 없었지만 반타블랙의 효과를 아주 극명하게 보여주었다.

네 가지 색의 향연을 즐겨라

CMYK는 컬러 인쇄를 할 때 사용되는 네 가지 색상으로 파랑Cyan, 자주Magenta, 노랑Yellow, 검정Key Plate의 첫 글자를 딴 약어이다. 가정용 레이저프린터와 잉크젯 프린터뿐 아니라 전문가용 인쇄기에도 이 색상 체계가 적용된다. 인쇄용지에 정확한 색이 표현되기 위해서는 종이가 각각의 잉크를 실은 네 개의 롤러를 연이어 통과해야 한다. 명도를 다르게 설정한 네 가지 색을 순서대로 종이에 분사하면 완벽한 그림이 완성된다. 예를 들어 짙은 황록색을 인쇄하려면 파랑 71%, 자주 1%, 노랑 94%, 검정 9%의 명도가 설정된다.

2008년도에 개봉한 배트맨 영화 <다크 나이트The Dark

knight>를 보자. 브루스 웨인Bruce Wayne과 미녀 세 명을 태운 헬리콥터가 웨인 그룹 옥상에 착륙한다. 웨인은 파티에 참석하며 검은색 정장을 입었고, 세 여성은 각각 분홍색, 노란색, 파란색 드레스를 입었다. 이들은 서로 어깨동무를 하고 손님들이 기다리는 파티장으로 거만하게 입장한다. 이 영화를 제작한 크리스토퍼 놀런Christopher Nolan 감독이 배트맨 만화책을 인쇄할 때 필요한 네 가지 색을 상징적으로 영화에 삽입함으로써 원작에 대한 존경심을 표한 건 아닐까 추측해본다.

이제 '흑과 백'의 대비가 주는 세련됨의 시대는 막을 내렸다. 대신 파랑, 자주, 노랑, 검정의 조합이 창조해내는 오색찬란한 빛을 감상하며 즐기는 시대가 개막했다.

성분에 따라
물의 색이 바뀐다고?

다목적 비료에는 탄산칼륨이 포함되어 있다. 칼륨이 풍부한 비료는 농작물이 수분을 잘 흡수하도록 돕고, 맛과 식감은 물론 열매의 색까지 개선시킨다. 그렇다면 탄산칼륨은 정확히 어떻게 만들어지는 걸까?

유타주Utah State의 고지대 사막은 자원이 풍부한 곳이다. 표면에서부터 수천 피트 아래의 침전물에 물을 주입하면 땅 밑에서 소금물이 만들어진다. 제조회사는 메말라 있는 큰 연못 가장자리에 고무를 씌우고 밑으로 물을 계속 주입하여 지표면까지 소금물이 차오르게 한다. 이 연못의 수분이 증발하면 탄산칼륨이 모습을 드러낸다.

탄산칼륨을 생산하기 위해 첫 번째로 하는 일은 푸른 염료를 넣는 일이다. 염수의 색을 진하게 하면 수분의 증발이 가속화되기 때문이다. 그때 물속 조류藻類의 종류와 칼륨의 농도가 달라서 같은 연못 안에서도 물의 증발에 따라 색깔이 다르게 나타난다. 연못이 보라색, 밝은 청색, 짙은 청록색 등 보석처럼 아름다운 색으로 변하는 것이다. 그리고 칼륨이 풍부해지는 황갈색이 되면 채취한다. 사진에서 보는 광산은 매일 천 톤에 이르는 탄산칼륨이 생산되는 곳이다.

블루, 신뢰를 말하다

안정성이 보장되어 투자 가치를 인정받은 주식이나 업종, 회사를 '블루칩'이라 표현한다. 1920년대 다우존스Dow Jones 직원이 주당 200달러에서 250달러로 거래되는 주식을 두고 "이 블루칩 주식을 설명해보겠다."라고 말한 시점부터 이 표현을 쓰기 시작했다. 원래는 포커 게임에서 돈 대신 사용하는 '작은 칩('토큰'이라고도 부름)'에서 비롯된 단어이다. 초기 포커 게임에서 흰색 칩은 1달러, 빨간색 칩은 5달러, 파란색 칩은 가장 고가로 25달러의 가치가 있었다.

파란색은 오래전부터 안정감과 신뢰감을 주는 색으로 인식되었다. 그래서인지 국민의 신뢰와 신용이 필수적 요소인

금융 회사나 법률 회사는 기업 이미지를 설계할 때도 파란색이 주로 이용한다. 이제 파란색은 안전한 베팅의 상징과도 같다.

노란색 전화번호부, 역사의 뒤안길로 사라지다

1883년 와이오밍주 샤이엔Cheyenne, Wyoming에서 루번 H. 도넬리Reuben H. Donnelley가 전화번호부를 인쇄하던 중 흰 종이가 동이 나버렸다. 새로 흰 종이를 받기까지 족히 몇 주는 더 기다려야만 했다. 루번은 어쩔 수 없이 남아 있는 노란 종이를 사용해 인쇄를 마쳤다.

노란 전화번호부를 본 사람들은 긍정적인 반응을 쏟아냈다. 흰 종이로 인쇄한 책보다 훨씬 눈에 잘 들어온다며 높은 선호도를 보였다. 실제로 흰 종이보다 노란 종이 위에서 검은색 활자가 더 잘 읽힌다고 한다. 3년 후 도넬리는 처음으로 공식 '업종별 전화번호부Yellow Pages'를 제작했고 엄청난 인기를 끌었다. 전 세계 곳곳으로 퍼져나가 노란색 전화번호부가 대량으

로 생산되었다.

업종별 전화번호부 덕분에 사람들은 사업장을 쉽게 찾을 수 있었다. 1964년 두툼한 전화번호부를 펼치고 손가락으로 번호를 찾는 모습을 형상화한 "손가락이 걷게 하세요."라는 광고 문구는 사람들의 마음을 사로잡아 유행어가 되기도 했다.

한때 엄청난 인기를 누렸던 전화번호부 책자는 인터넷의 보급으로 매년 인쇄 부수가 감소하며 쇠퇴의 길을 걷고 있다. 영국의 옐로 페이지사Yellow Pages는 51년 동안 발행해온 전화번호부 생산을 중단한다고 최근 발표했다. 과학 문명의 발달 앞에 역사가 한 페이지 넘어가는 모습이다.

시대와 공간을 초월한 타탄 무늬

타탄 무늬는 각기 다른 폭의 선과 색이 가로세로 교차하여 만들어진 무늬로 출신 지역과 씨족을 나타낸다. 이 무늬는 출신이나 가문을 다른 이들과 구분하기 위해 그 지역에서만 나는 천연염료로 제작했다. 물론 '타탄 무늬'하면 스코틀랜드가 가장 먼저 떠오른다. 하지만 오스트리아, 중국, 스칸디나비아 반도 국가 등 다른 문화권에서도 비슷한 무늬를 사용해왔다.

전통적인 타탄 무늬는 색상에 따라 크게 모던 타탄modern tartan, 에인션트 타탄ancient tartan, 뮤티드 타탄muted tartan의 세 가지로 나뉜다. 먼저 모던 타탄은 오직 합성염료로만 제작한다. 에인션트 타탄은 시간이 흐름에 따라 자연적으로 색이 바

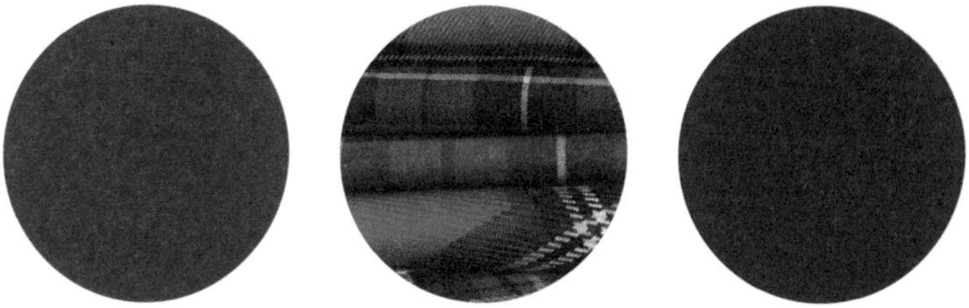

랜 느낌을 주기 위해 더 밝은 색조를 사용한다. 마지막으로 뮤티드 타탄의 색은 모던 타탄과 에인션트 타탄의 중간 색상으로 합성염료를 사용하지만 마치 천연염료를 사용한 듯한 느낌을 준다.

현재까지 알려진 타탄 무늬는 약 3,500가지 정도이다. 그런데 놀랍게도 매년 150가지 이상의 타탄 무늬가 새롭게 나온다고 하니 시대와 문화를 초월해 사랑받고 있다는 사실이 증명된다.

티파니 블루, 색으로 연상되는 회사가 있다

팬시 문구매장으로 시작한 티파니앤코TIFFANY & CO는 1845년 고급스러운 상품을 한눈에 볼 수 있는 첫 번째 카탈로그를 제작했다. 이때 회사 창립자 찰스 루이스 티파니Charles Lewis Tiffany는 카탈로그 겉표지 색깔로 밝은 청록색을 선택했다. 당시에는 청록색이 유행이었는데, 빅토리아 시대의 신부들이 들러리에게 터키석 보석을 선물로 주던 전통 덕분이었다.

카탈로그가 공개되자 이 시원한 푸른색은 선풍적인 인기를 끌었다. 푸른 하늘과 열대의 바다가 연상되는 밝은 이미지 때문이었다. 팬톤 색채 연구소는 티파니 회사만을 위한 팬톤 컬러 코드 PMS 1837을 부여하고 '티파니 블루'라는 고유한 푸른

색을 만들어주었다. 여기에 명시된 코드 번호 '1837'은 티파니앤코의 창립연도이다. 세상에 하나밖에 없는 이 푸른색은 회사와 같은 이름을 공유하게 되었고, 티파니앤코는 대중이 색깔만 봐도 회사를 떠올릴 수 있는 몇 안 되는 브랜드 중 하나가 되었다.

범죄 예방 효과를 노린 푸른빛

유럽에는 공중화장실에 푸른 형광등을 설치한다. 밝고 좋은 분위기를 연출하기 위함만은 아니다. 푸른 조명을 달면 정맥이 잘 보이지 않아 주사기를 이용해 마약 투여가 어려워지고 백색 가루조차 잘 보이지 않게 된다. 특히 흰색 표면에 가루를 놔두면 어디에 있는지 파악하기 어렵다. 술집 및 나이트클럽뿐 아니라 지하철역, 쇼핑몰, 소매점에 있는 공중화장실까지도 이 파격적인 조명이 사용되는 이유이다.

마약 범죄를 방지하겠다는 푸른색 조명의 사용은 논란의 여지가 많다. 영국 정부 산하에 있는 환경식품농무부는 이와 관련된 지침을 발표하며 다음과 같이 권고했다.

"파란색 조명이 약물 중독자의 증가를 줄여준다는 사실은 신빙성이 부족하므로 약물 사용을 단절시킬 목적으로 공중화장실에 푸른 조명을 설치해서는 안 됩니다."

스코틀랜드 에든버러 주법원은 푸른 조명이 생각만큼 큰 효과를 내지 못한다고 전했다. 많은 약물 사용자들이 푸른빛이 가득한 화장실을 들어가기 전 미리 정맥에 표시를 그려 넣기 때문이다.

아무리 좋은 제도와 장치라도 이를 악용하는 사람들을 이겨낼 수는 없는 법인가 보다. 그로 인해 언제나 달아나는 범죄를 법이 좇아가는 형국이 되고 만다.

노란 저지, 우승자에게 색을 입히다

'투르 드 프랑스Tour de France'는 세계 최고의 자전거 대회이다. 1903년에 처음 개최되었는데 매년 7월에 3주 동안 열린다. 몇 개의 구간으로 구성되는데 한 구간은 하루 동안의 경기 거리를 의미한다. 구간마다 1등을 뽑지만, 최종 우승은 모두 합산해서 기록이 가장 짧은 선수가 차지한다.

대회 초창기에는 종합 성적이 가장 좋은 선수에게 녹색 완장을 채웠다. 이후 참가 선수가 점점 늘어나자 관중과 기자들은 선두 주자를 알아보기가 어려워졌다. 1919년, 대회 창립자인 앙리 데그랑주Henri Desgrange는 기발한 생각을 떠올렸다. 구간별로 순위가 가장 높은 선수에게 노란 저지jersey(메리야스 직물로 만든 가볍고 신축성 있는 운동복-옮긴이)를 입히기로 했다. 우승 후

보에게 시선을 집중시키면서 동시에 대회 후원 신문사인 로토 L'Auto를 홍보하면 두 마리의 토끼를 한꺼번에 잡을 수 있다는 계산이었다. 당시 노란 용지에 신문을 인쇄하던 로토는 광고 효과를 톡톡히 누렸으며 이는 제휴마케팅의 효시가 되었다.

선두를 달리는 선수가 입게 되면서 노란 저지maillot jaune(프랑스어로 마요 존)는 곧바로 큰 성공을 불러일으켰다. 이후 투르 드 프랑스 대회에서 구간마다 가장 폭발적인 속력을 보여준 선수에게는 초록 저지, 젊은 선수 중에서 가장 빠른 선수에게는 하얀 저지, 산악 구간을 가장 빨리 통과한 선수에게는 빨간색 물방울 저지가 주어졌다.

'식인종'이라는 별명을 가진 벨기에 선수 에디 메르크스Eddy Merckx는 1969년부터 1974년까지 투르 드 프랑스에서 다섯 번이나 우승했다. 그는 역대 노란 저지를 가장 많이 입은 선수로 알려져 있다.

나 자신의 삶은 물론 다른 사람의 삶을
삶답게 만들기 위해 끊임없이 정성을 다하고
마음을 다하는 것처럼 아름다운 것은 없다.

톨스토이

인생의 목적에는 일과 건강과 행복이다.
일에는 즐거움이 있고 건강이 있다.
자기 직분에서 즐거움을 느끼고 보람을 찾는 사람은 틀림없이 성공한다.

헨리 포드